歴史文化ライブラリー
504

藤原仲麻呂と道鏡

ゆらぐ奈良朝の政治体制

鷺森浩幸

吉川弘文館

目　次

天皇と貴族——プロローグ

本書の問い

藤原仲麻呂《ふじわらのなかまろ》や道鏡《どうきょう》の生きた時代、天皇のもとで政治の中心、官僚機構の中枢と位置づけられたのは太政官《だじょうかん》であった。太政官の最上位は太政大臣であった。職員令によると、太政大臣の職掌は「一人に師範として、四海に儀形たり」（天皇の師範となり、世界の手本となる）、「邦を経め道を論じ、陰陽を燮理す」（国を治め人の道を論じ、自然を調和させる）ことであり、具体的な職掌が規定されてはいなかった。「その人なければすなわち闕《か》け」と、適任者がない場合、任命されなかった。最初の太政大臣は藤原仲麻呂であった（ただし、大師と改称）。道鏡も太政大臣禅師となった。二人目の太政大臣である。これ以前、死後の贈官《ぞうかん》としての太政大臣のみが存在した。藤原不比《ふひ》等《と》・舎人《とねり》親王の二人である。さらに藤原仲麻呂の任命の後、不比等の男子藤原武智麻呂《むちまろ》・房前《ふささき》が贈太政大臣となった。現役の太政大臣は慎重に回避された。

律令体制の確立期にあたる七世紀後半に大友・高市皇子《たけちのみこ》の二人の太政大臣が登場した。彼らはそれぞれ天智《てんち》天皇・持統《じとう》天皇から統治権を委譲された可能性がある。天智天皇は病気に冒されて最期の時を迎え、大友皇子を太政大臣とした。女帝持統天皇は即位から半年程度で高市皇子を太政大臣に任命した。太政大臣とは天皇から統治権を委譲された存在＝統治権の代行者であったと思われる。

仲麻呂や道鏡の地位をそのまま、天皇に代わる統治権の執行者と評することはできないが、彼らの地位の高さは想像できよう。そこで、一つの単純で、素朴な問いを立てたい。なぜ、藤原仲麻呂や道鏡のような人物が登場したのか。これを解明することが本書の目的である。何が起こり、どのようななかで彼らは登場したのであろうか。順に明らかにしてゆく。

本書の考察や検証の主な材料となるのはまず、『続日本紀《しょくにほんぎ》』である。『日本書紀《にほんしょき》』に続く、六国史《りっこくし》の二番目の歴史書、奈良時代の基本的な史料といってよい。編年体で、漢文で書かれるが、特に仲麻呂や道鏡の時代には、宣命体《せんみょうたい》の詔勅なども多く収録される。宣命体とは当時の日本語そのものを、語幹を大きな漢字で、助詞・助動詞などを万葉仮名で小さく書く書記法である。本書で史料的な根拠を示さずに論を進めることも多いが、『続日本紀』によるものが多数である。

それに加えて、正倉院文書も重要な史料である。正倉院文書とは現在、東大寺の正倉院に所蔵される文書である。その中には、いわゆる正倉院宝物の施入やその後の出納に関する文書もあるが、大部分は藤原光明子（光明《こうみよう》皇后）の家政機関の写経所から東大寺写経所へと展開していった写経所の事務帳簿類である（写経所文書と呼ぶ）。この写経所は写経を業務とする、官人の勤務する官司であり、もともとは藤原光明子家の管下に設置され、皇后宮職、東大寺の造営を担当した造東大寺司へと引き継がれた。これは当時、もっとも大規模で、かつ中心的な役割を果たした写経所と考えられ、現存する正倉院文書からもその旺盛な活動がうかがえる。なお、正倉院文書は『大日本古文書（編年文書）』に収録される。さらに、『万葉集』も歴史的史料としても重要である。ここでは『万葉集』の説明は省略する。これらを丹念に読み解くことによって、仲麻呂や道鏡の真の姿が浮かび上がってくるのである。

八世紀の天皇家

律令体制のもとで天皇が統治権を保有した。この点に疑いはない。八世紀、天皇を輩出したのは天武《てんむ》・持統天皇の直系の子孫であった。天武と持統の子が草壁皇子《くさかべのみこ》、その直系の男子が文武《もんむ》・聖武《しょうむ》天皇である。この一族は、たとえば天武系といわれることもあるが、より限定して天武および持統の双方を祖とする一族であり、当時の天皇家の本流であった。結局、聖武の後継者となる男子が誕生せず、三人の姉妹、孝謙《こうけん》（称徳《しょうとく》）天皇、井上《いのえ》・不破《ふわ》内親王が残された。それにともなう皇位継承上の激しい動揺をみると、この一族の政治的な位置がよくわかる。

なぜ彼らがそのような地位にあったのか。天武天皇や持統天皇の功績によるところが大きいが、天智天皇（持統の父）の存在も大きな意義を持ったと思われる。この時代の天皇を支えた論理として神話につながる皇孫《こうそん》思想はさほど重要でなかった。日本の神話は天皇の統治を正統化する物語としてまとめ上げられ、最終的に『古事記』『日本書紀』に定着したのだが。天智天皇は「天命開別天皇《あめみことひらかすわけのすめらみこと》」、天命を受けた君主と位置づけられた。古代の中国では、天命を受けた者が皇帝となり、世界を統治すると考えられた。これが天命思想である。日本も天命思想を継受した。その特別な天智天皇が定めたとされたのが「不改常典」（「改《か》わるましじき常の典」）である。

「不改常典」とは元明《げんみょう》天皇の即位、聖武の即位・譲位の詔にみえる語で、解釈をめぐる研究は膨大である。律令、もしくは皇位継承に関わる何らかの原則、の二つの大きな解釈があり、現在、後者が通説である。しかし、それは誤りである。養老三年（七一九）一〇月一七日の詔（漢文体、『続日本紀』同年月辛丑条）には「近江の世」（天智天皇の治世）に法令制度が定まり、その後に「無改」の「恒法」となったという記述がある。これは明確に律令のことを意味する。さらに皇太子（首親王、後の聖武天皇）がそれを受け継ぐが、まだ年少であると続く。皇太子が恒法を受け継ぎ、やがて天皇となり君臨するという意味である。宣命体とは用語や趣が異なるが、この詔の論理と対照することによって、「不改常典」の正体がみえてくる。それは天智天皇の制定した律令を意味したと思われる。つまり、前者の解釈が正しいと思われる（北康宏「律令法典・山陵と王権の正当化」）。これは天智の制定した律令に従い、皇位を継承して統治するという論理と理解すべきである。天智を引き継いで、律令体制の構築に貢献したのが天武・持統天皇であり、彼らの子孫が八世紀の天皇家となったのである。持統天皇は天智天皇の女子であり、系譜上、彼らは天智・天武双方の子孫にあたる。当時の天皇の正統性の基盤は儒教的な天命思想にあり、天命を受けて律令を定めた天智天皇やそれを引き継いだ天武・持統天皇の子孫であることにあり、

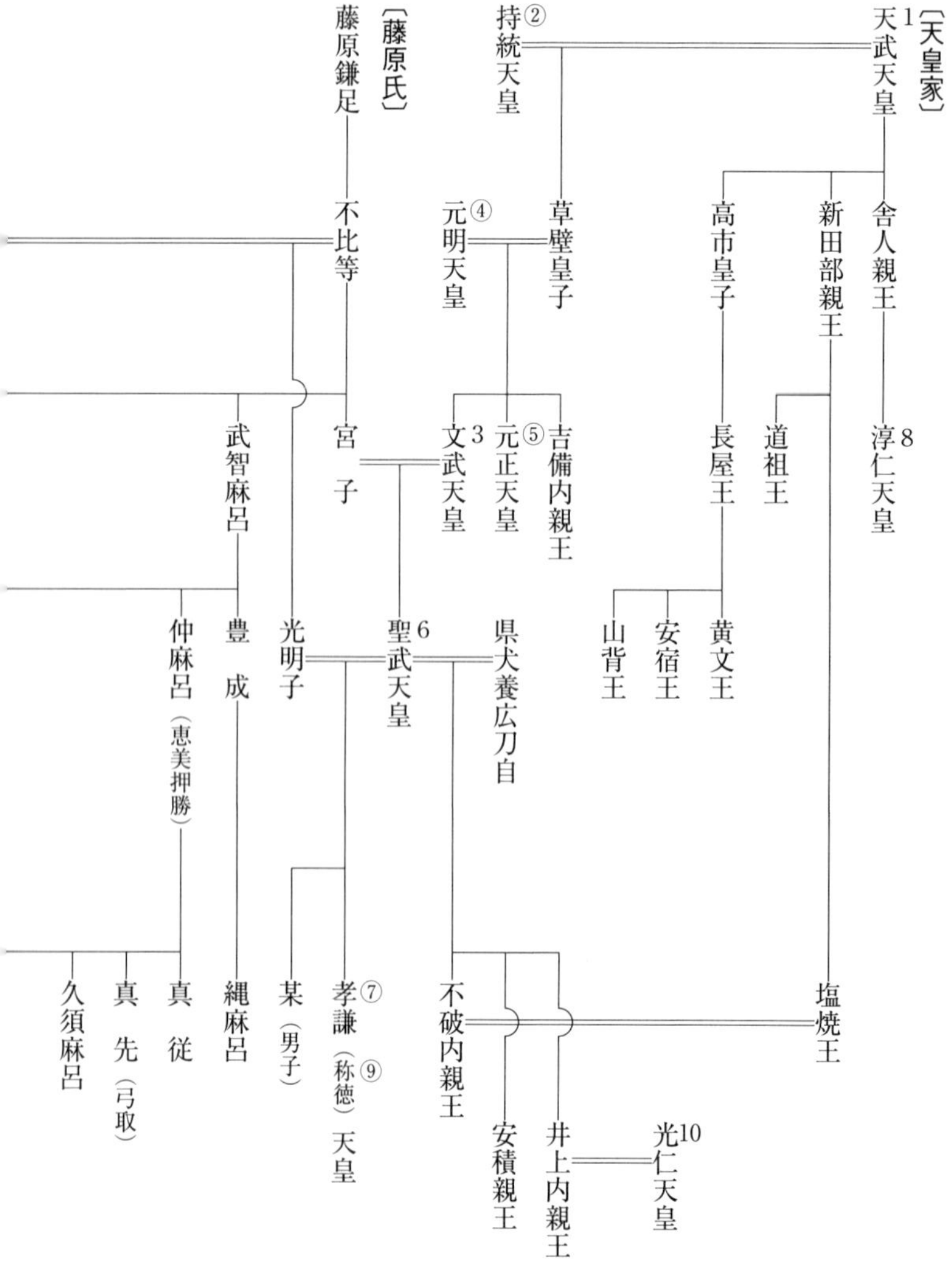

図1　天皇家・藤原氏関係系図

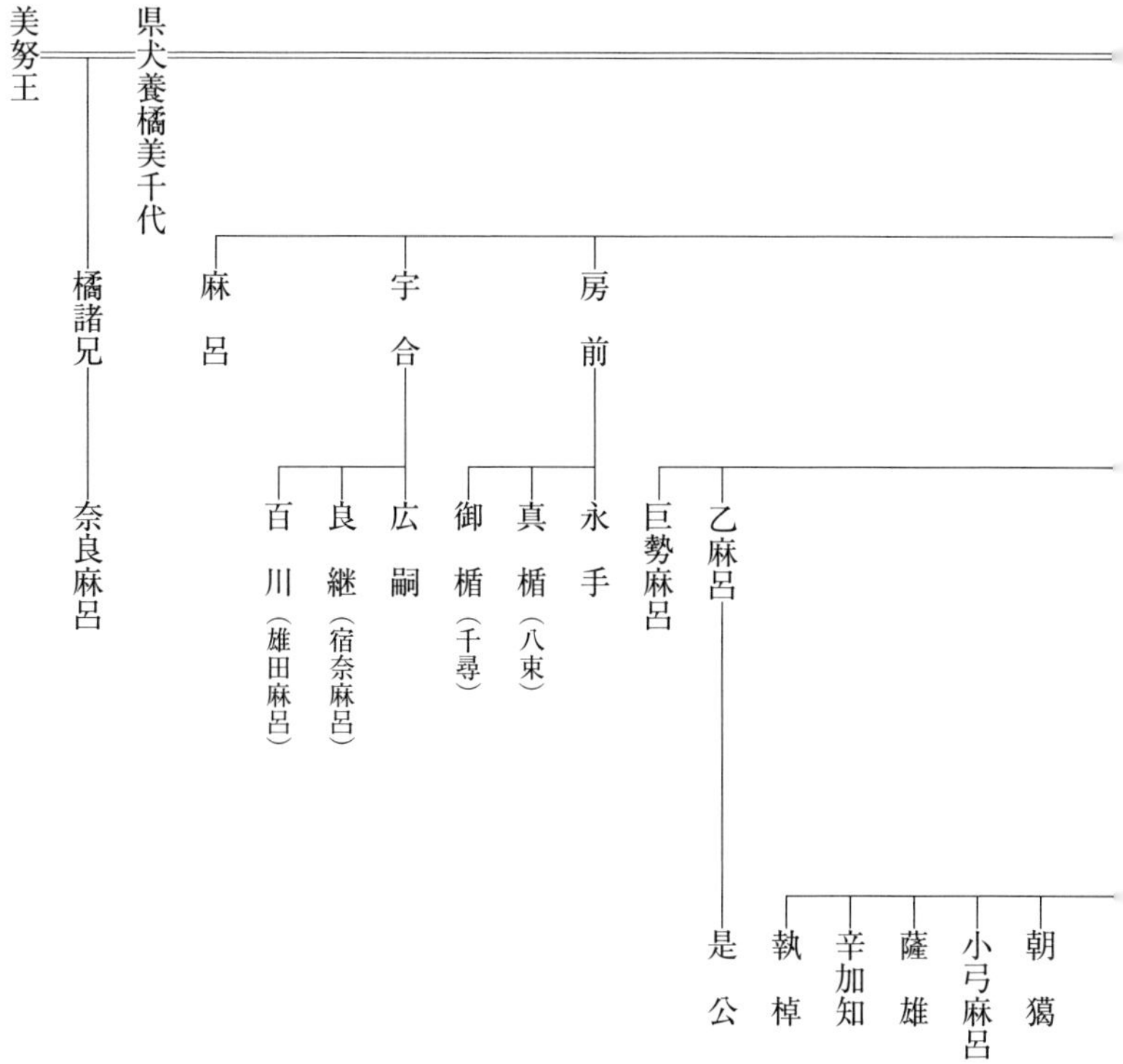

注　数字は皇位継承順を示す。丸数字は女帝。

はるかな神話の世界に由来する大王ではなかった。

太政官の上層は議政官《ぎせいかん》と通称され、最上層の貴族の地位であった。議政官は当初、太政大臣・左右大臣・大納言《だいなごん》のみであったが、後に中納《ちゅうな》言《ごん》・参議《さんぎ》が追加された。

太政官議政官

当時の貴族といえば、まず、それ以前の有力豪族（いわゆる大夫《まえつぎみ》層）との関係が問題になる。たとえば、蘇我《そが》・物部《もののべ》・大伴《おおとも》・阿倍《あべ》といった豪族たちである。大夫層は律令体制下、五位を超えて四位以上に昇進しうる層として存続した。なお、蘇我氏は石川氏、物部氏は石上《いそのかみ》氏と改称した。ただし、律令体制成立の途上で、氏《うじ》は基本的により小さな集団へと再編成され、小規模な親族集団となった。これが律令体制下の氏である。この体制のもとでは、主要な官職はそれにみあう位階を有することを前提に任命された。これを官位相当《かんいそうとう》制《せい》という。太政大臣—一位、左右大臣—二位、大納言—三位、中納言—四位と相当位が定められた。参議に厳密な相当位はないが、四位以上であった。太政官議政官の相当位は四位以上で、その基盤は大夫層以来の門閥貴族層であった。

八世紀前半に、さほど多数とはいえない議政官を、連続的に輩出する四つの氏があった。藤原朝臣《あそん》・大伴宿禰《すくね》・阿倍朝臣・多治比真人《たじひまひと》である（表1）。この四氏の議政官が死去などすると、さほど間を置くことなく、同じ氏から一人の新しい議政官が誕生した。まったく切れ目なく連続することはなかったが、とはいえ、偶然の結果とは思えない。藤原の場合、例外的に同時に複数の議政官が存在することがあった。この四氏はなぜそのような特権的な地位を得たのか。それは近い先祖が七世紀後半において、天皇とともに律令体制の確立に大きな貢献をしたからである。彼らの地位の起点もやはり、七世紀後半にあった。神話の世界にさかのぼることはなかった。天命を受けて律令を制定した天智天皇（および天武・持統天皇）とそれに奉仕した四つの有力豪族＝その後の天皇と議政官クラスの貴族の構図が存在した。そして、律令は「不改常典」であった。天皇と貴族は実体においても、理念においても、もはや大和王権の時代のそれらと同じではなかった。七世紀後半は国制改革の時代、すなわち、律令体制の導入の時期であり、その意味で創業の時代であった。八世紀の政治はこの七世紀後半の創業の上に展開していったのである。

天皇の周辺

天皇は単独で統治に向きあったのではない。天皇家にとって前代の天皇、太上《だいじょう》天皇の存在は重い。太上天皇の初例は文武天皇の時代の持統太上天皇である。文武と並び立って天下を治めたと評された点から持統太上天皇は天皇と同等の地位にあったと考えるのが自然である。次の元明太上天皇以後は、統治権は天皇にあり、

大　伴　氏	阿　倍　氏	多　治　比　氏
御行(大納言)→	御主人(右大臣)	島(左大臣)→
安麻呂(参議)		
	御主人→	
安麻呂(大納言)	宿奈麻呂(中納言)	
安麻呂→		
旅人(中納言)	宿奈麻呂(大納言)	池守(中納言)
	宿奈麻呂→	
		池守(大納言)
	広庭(参議)	
	広庭(中納言)	
		池守→
旅人→・道足(参議)		県守(参議)
	広庭→	県守(中納言)
		県守→・広成(参議)

注　(　　)内の官職は任命もしくは在任，→は死去．

表１　藤原・大伴・阿倍・多治比氏の議政官

年	藤原氏		
大宝元年(701)	不比等(大納言)		
大宝２年(702)			
大宝３年(703)			
慶雲２年(705)			
和銅元年(708)	不比等(右大臣)		
和銅７年(714)			
養老元年(717)		房前(参議)	
養老２年(718)			
養老４年(720)	不比等→		
養老５年(721)	武智麻呂(中納言)		
養老６年(722)			
神亀４年(727)			
天平元年(729)	武智麻呂(大納言)		
天平２年(730)			
天平３年(731)			宇合・麻呂(参議)
天平４年(732)			
天平６年(734)	武智麻呂(右大臣)		
天平９年(737)	武智麻呂(左大臣)→	房前→	宇合・麻呂→
	豊成(参議)		

それを前提に天皇を補佐する地位であった。太上天皇が実際の政治過程のなかで大きな役割を果たしたとしても、天皇の補佐の地位であった。多く親王が任命された知太政官事《ちだじょうかんじ》は太上天皇の存否と強い相関関係にあったらしい。刑部《おさかべ》親王が持統太上天皇の死去の直後に知太政官事に任命された。元明太上天皇の死去時の状況はやや複雑で、元明の死後、やや間があくが、知太政官事舎人親王・知五衛及授刀舎人事《ちごえいならびにじゅとうとねりじ》新田部《にいたべ》親王が任命された。藤原不比等を実質的な知太政官事とみたり、あるいは知太政官事を大臣と補完関係にあるとする見解は誤解であると思う。天平九年（七三七）九月、伝染病の大流行のなか、最後の知太政官事である鈴鹿《すずか》王が任命された。鈴鹿王は親王ではない。この時、元正太上天皇がいたが、前年八月に病気になったこと、伝染病により議政官などが減少したことなどが背景にあろう。

　太政大臣は統治権の代行者であったと考えられるが、知太政官事は天皇の統治権を前提とする補佐の地位で、太上天皇の地位と類似した。また、知太政官事の舎人親王は死にあたり、太政大臣を贈官された。知太政官事は太政大臣より一つ低い地位と位置づけられたことがわかる。太上天皇もしくは知太政官事、それが天皇の一族のなかで、統治を補佐する機能を担った。皇太子は八世紀を通じて必ず存在したわけではなく、政治的な機能はそれほど高くはなかった。

聖武天皇は光明皇后に加えて、藤原南・北夫人、県犬養広刀自《あがたいぬかいのひろとじ》、橘古那可智《たちばなのこなかち》の四人の后妃を持った。藤原南・北夫人はそれぞれ藤原武智麻呂・房前の女子であったが、名前が未詳である。彼女らは端的に左右大臣の近親と要約することができる。このような天皇の婚姻のあり方は天智・天武天皇にもみられ、一つの慣行となっていた。大臣にとって、天皇と婚姻関係を結ぶことは一つの特権（同時に義務）であったと思われる。天皇と大臣はこのような形で結合した。

天皇の家産・家政

家産の管理を中心とする天皇家の家政は、統治とは異なる領域である。まず、天皇家は莫大な家産を有した。その全体を明確な形で示すことは不可能である。これが天皇家の物質的な基盤であり、天皇とその一族のさまざまな活動を支えた。天皇家の家政は天皇家のあり方や有力貴族との結合のもう一つの重要な局面である。王家の家内的な秩序は制度的な天皇をめぐる秩序とは異なっただろう。家内の秩序からみると、多くの場合、太上天皇は天皇より上位にあっただろう。家政の場合、天皇家内の秩序が前面に出てくるものと思われる。決裁権を持つ人物は、それは実質的な天皇家の代表であるが、天皇の地位と必ずしも合致しなかった。また、家政に関わる機構も太政官を頂点とする官司機構内に存在し、その担い手は貴族やそれ以下の官人達であった。したがって、貴族たちが天皇家の家政に参画することは不可欠であり、ここで君臣関係とは別の天皇と貴族の関係も形成された。八世紀初期の藤原不比等、その子で内臣《ないしん》となった房前、次いで、橘諸兄《たちばなのもろえ》、藤原八束《やつか》、紫微中台《しびちゅうだい》の長官（紫微令《しびれい》）となった藤原仲麻呂、勅旨所《ちょくし》（省）に関わった藤原縄麻呂《ただまろ》などがその系譜であるが、これは本書のテーマと深く関わる。

さて、天皇は統治権を持ったが、いちいちの政務に深く関与することなかった。また、太政官議政官も複数の貴族からなり、常に各定員が充足したわけでもなく、上位の大臣たちがきびしく全体を統率することもなかったと思われる。議政官は比較的ゆるやかな合議体であったと思われる。当時の政治機構は決して集中傾向が強いとはいえない。彼らを統合して政治を安定化する機能を持ったのが、一つは天皇家と門閥貴族の特別な結合（婚姻・家政への参画）であった。さらに重要なのは、七世紀後半の創業の事実、あるいは歴史であり、その成果である律令そのものであった。天皇家と門閥貴族たちは創業の歴史を共有しながら、改めてはならない律令体制に依拠してまとまりのある統治を行ったのである。

七世紀後半に天皇とその一族および門閥貴族が結合しつつ、中国の先進的な律令をよりどころとして、それになりに安定した政治体制を作り上げた。本書の主人公である藤原仲麻呂や道鏡のような突出した権力を持ち、もしくは特別に高い地位に登った人物はこの体制からは生まれにくい。この二人の登場はこのような体制が崩壊した後の現象である。

天平九年の伝染病

天平九年（七三七）の夏から秋にかけて、伝染病（天然痘）が大流行した。きっかけはこの年初に帰国した遣新羅使であった。五月一九日詔に「四月以来、疫《えやみ》・旱《ひでり》並びに行われ、田苗《たのなえ》燋《や》け萎《な》ゆ」とあり、七月になると、貴族の最上位、右大臣藤原武智麻呂まで感染し、八月一三日詔に「天下の百姓《はくせい》、死亡することと実に多く、百官人《ひゃくかんにん》等、闕け卒《し》ぬること少なからず」（『続日本紀』）とある。この間に当時の政治の中心であった不比等の四人の子、武智麻呂・房前・宇合《うまかい》・麻呂《まろ》が相次いで死去、九月に鈴鹿王を知太政官事、参議橘諸兄を大納言、参議になったばかりの多治比広成《たじひのひろなり》を中納言に任命し、その後、武智麻呂の子豊成《とよなり》を参議とした。当時、藤原氏のなかで豊成が従四位下でもっとも高位であった。この伝染病の大流行がそれまでの政治体制を崩壊させた。

「不改常典」は天平勝宝元年（七四九）の聖武天皇の譲位の詔にあるが、それは自身の即位を振り返った部分にあり、必ずしも新天皇孝謙《こうけん》即位の論理になっていない。その後、天智の直系の子孫である桓武《かんむ》天皇の即位の詔まで「不改常典」に触れられることはなかった。伝染病の大流行後、最初の皇位継承である孝謙の即位から「不改常典」への言及がなくなったのである。また、阿倍氏の議政官はこれより少し前、天平四年二月の中納言広庭《ひろにわ》の死去を最後にとだえた。やはり、伝染病の大流行を画期に政治体制や、おそらく社会全体が急速に新しい姿になっていったと思う。その衝撃はきわめて大きかった。

ここが本書の出発点である。

藤原仲麻呂の台頭

藤原仲麻呂の登場

藤原仲麻呂とは

本書の主役の一人、藤原仲麻呂《ふじわらのなかまろ》。慶雲三年（七〇六）生まれ。ただし、生年に不審な点もある。藤原不比等《ふひと》の第一子武智麻呂《むちまろ》の第二子。兄に豊成《とよなり》。正室は藤原袁比良《おひら》（藤原房前《ふささき》の女子）で、子は後に藤原恵美朝臣《えみあそん》と称する者が該当するので、比較的に明瞭であり、詳細な研究もある（薗田香融「恵美家子女伝考」）。『続日本紀』の伝に「率性聡敏《そつせいそうびん》にして、略《ほぼ》書記に渉《わた》る。大納言阿倍少麻呂《あべのすくなまろ》に従いて算を学び、尤《もつと》も其の術に精《くわ》し」とあり（天平宝字八年〈七六四〉九月壬子条）、聡明な性格であったらしい。後述するが、律令の学にも精通したようである。伝染病の大流行の時に従五位下であった。

阿倍内親王の立太子

天平一〇年（七三八）正月、聖武天皇と光明皇后の間の女子である阿倍《あべ》内親王が立太子した。皇太子の地位は神亀五年（七二八）一〇月以来、空席であった。伝染病の流行のなかで、皇太子の地位をあけておくことの危険は大きかった。聖武には男子安積《あさか》親王がいた。独身の女子の立太子はまったく異例であり問題を残した。後に反乱を計画する橘奈良麻呂《たちばなのならまろ》らは、この段階で皇嗣が立てられていないと考えていた。これは阿倍の立太子を承認していなかったのではない。阿倍は中継ぎの存在にすぎないのであって、皇嗣にあたる人物がいなかったのである。聖武と光明の間の男子の誕生が待たれていた。阿倍はこの時、存在しない皇嗣への中継ぎの役割であった。この皇嗣は結局、生まれなかった。

伝染病により藤原四子の太政官《だじょうかん》主導の体制は終結し、橘諸兄《たちばなのもろえ》を中心として議政官《ぎせいかん》が再生されたが、きわめて脆弱であり、太政官の政治機能が大きくそがれた。これに対して、聖武《しょうむ》天皇が政治の前面に現れるようになり、聖武天皇の寵臣《ちょうしん》と呼ばれる人物の行動が活発になった。内道場に安置された玄昉《げんぼう》や、阿倍の東宮学士《とうぐうがくし》吉備真備《きびのまきび》がその代表であった。門閥貴族以外の人物が天皇に近侍する形で政治世界に登場した。極端に動揺した状態を緊急に立て直すための方策の性格が強いように思われるが、政治体制の流動化を示す、注目すべき現象であろう。

聖武天皇がこの時期以後、急速に仏教に傾斜していったことはよく知られた事実である。国分寺《こくぶんじ》、東大寺などこの時代を代表する寺院はその所産であった。天平一五年正月、聖武は衆僧を金光明寺《こんこうみょうじ》に集め、ことばを与えた。そのなかで、聖武自身や人民が菩薩《ぼさつ》の乗《じょう》に乗り如来《にょらい》の座に至ることを祈願し、それが像法《ぞうほう》の中興をめざしたものであることを述べた。この時期が仏教的な時代認識で像法にあたるとの認識が示された。像法とは、釈迦の入《にゅう》滅《めつ》後、正法《しょうほう》（仏法が存在し、悟りを開く者がいる時代）、像法（仏法や修行者は存在するが、悟りを開く者は存在しない時代）、末法《まっぽう》（仏法だけが残る時代）の三つの時代を経るとする認識の第二の時代である。伝染病の大流行以来の体制の動揺が、このような像法（その末期）に不可避の現象と認識された可能性がある。このような時代に聖武天皇は仏教の中興の主体としてふるまおうとした。

王宮の変遷

天平一二年（七四〇）正月の叙位で仲麻呂は正五位下へ昇進した。九月に藤原広嗣《ひろつぐ》の乱が勃発したが、一〇月、聖武天皇は東国行幸へ出発した。この時、塩焼《しおやき》王が御前長官《みさきのちょうかん》、石川王が御後長官《みあとのちょうかん》、藤原仲麻呂が前騎兵大将軍《さきのきへいだいしょうぐん》、紀麻路《きのまろ》が後騎兵大将軍《あとのきへいだいしょうぐん》に任命された。仲麻呂は騎兵を率いて行幸に随行した。これが仲麻呂の

図2　難波宮跡（大阪市中央区）

存在を広く知らしめるきっかけとなったと推定できる。知太政官事鈴鹿王、参議藤原豊成は留守として留まり、右大臣橘諸兄は随行した。一一月に陪従《ばいじゅう》者などの叙位があり、諸兄は正二位、藤原仲麻呂は正五位上に昇進した。これ以後の仲麻呂は急速に昇進した。翌年に従四位下に昇進し、さらに民部卿《みんぶきょう》となり、一五年五月、従四位上に昇進、参議となり太政官議政官の一員となった。

当時の仲麻呂の政治上の地位はどのようなものであっただろうか。しばしば論じられてきたトピックが、東国行幸以後、天平一七年五月までの異常な王宮の移り変わり、天平一六年閏正月の安積親王の死去、同年二月の難波《なにわ》遷都などである。これらのできごとから、橘諸兄と藤原仲麻呂の対立を政治過程の主な潮流とする見方が示されてきた。仲麻呂は、地位は低いものの、右大臣諸兄と対立する有力な人物とされてきたのである。

表2にこの時期の動向をまとめた。このような頻繁な天皇と移動と遷都を、恭仁《くに》宮―橘諸兄、紫香楽《しがらき》宮―藤原仲麻呂と宮の所在と人を関連づけて、政治的な対立による現象と理解したのが古くからの見解で、いまでも取り上げられることがある。恭仁宮と諸兄の結び付きは諸兄が相楽《さがらか》に別業《べつぎょう》を持ち、井手左大臣《いでのさだいじん》と称されたことを根拠とし、紫香楽宮と仲麻呂の結び付きは近江国が伝統的に藤原氏とゆかりが深いことを根拠とした。それぞれが天皇をみずからの勢力圏に取り込もうしたという図式は一見、理解しやすいが、具体的に二つの地に王宮が営まれることが彼らにとってどういう意義を持ったのかは漠然としたままである。

迷走する新しい王宮

この現象は、このような政治的要素を考慮する必要はなく、新しい王宮造営方針の迷走と理解することでほぼ不足はない。天平九年（七三七）の伝染病の流行により、平城京に代わる新しい王宮が求められたことは事実であろう。しかし、伝染病の被害を考えると、すぐに遷都が行える状態にはなかったであろう。天平一一年三月に、聖武天皇は甕原《みかのはら》離宮に行幸、翌一二年二月に難波宮に行幸した。

表2　天平一二〜一七年の王宮の変遷

年　月	できごと
天平一二年一〇月	東国行幸
天平一二年一二月	橘諸兄、遷都のため恭仁へ向かう。聖武ら恭仁へ到着
天平一三年正月	恭仁宮で朝賀
天平一三年七月	元正太上天皇、恭仁宮に移る
天平一三年一一月	新宮を大養徳恭仁大宮と名づける
天平一四年二月	恭仁京から近江国甲賀郡への道を造営する
天平一四年八月	紫香楽行幸。造離宮司任命。紫香楽行幸
天平一四年一二月	紫香楽行幸
天平一五年四月	紫香楽行幸
天平一五年七月	紫香楽行幸
天平一五年一二月	紫香楽宮造営のために恭仁宮造営を停める
天平一六年閏正月	官人に恭仁・難波のいずれを都とすべきか問う。同じく市人に問う。難波行幸。安積親王死去
天平一六年二月	聖武天皇、紫香楽行幸。元正太上天皇・橘諸兄は留まる。難波宮遷都
天平一六年一一月	元正太上天皇、紫香楽行幸
天平一七年正月	紫香楽宮に大楯・槍を立てる
天平一七年五月	四大寺の衆僧にどこを京とすべきか問う　聖武天皇、恭仁宮に戻る。平城京に戻る

難波宮は天武期以来の副都であり、当時も大規模な宮殿が存在した（後期難波宮）。この頃から、遷都計画が進み始めたのだろう。この段階で、おそらく二つの候補地があったと理解したい。最初から造営することになる甕原離宮の周辺、すでに存在する宮殿施設を利用する難波の二つである。さしあたっての問題は財政であっただろう。結局、前者のプラン（恭仁遷都）が採用され、東国行幸の後に実行された。詳細な計画がどのようなものであったかは不明であるが、新しい王宮を一つ造営することになった。

しかし、天平一四年頃から、紫香楽で離宮が造営されることになった。聖武天皇の大仏造立の意志は天平一二年の河内国の知識寺《ちしきじ》において盧舎那仏《るしゃなぶつ》を礼拝した時（二月の難波行幸時か）にさかのぼる。ただ、王宮問題が進行中であり、実際に現実化したのは聖武が紫香楽への行幸を繰り返したこの頃からのようである。天平一五年一〇月、聖武は紫香楽宮滞在中に大仏造立の詔を出した。大仏造立は恭仁宮造営と同時進行。計画はすぐにほころんだ。紫香楽宮近くの甲賀寺《こうか》で大仏制作が始められると、平城宮の大極殿《だいごくでん》・歩廊《ほろう》の恭仁宮への移建が終了したものの、まもなく恭仁宮造営は停止された。その費用が「あげて計《かぞ》うべからず」、つまり、どれほどになるのか見通しがたたないという理由であった（『続日本紀』天平一五年一二月辛卯条）。しかし、主たる王宮は必要であり、平城京にもどることは適当でない。次の策は難波宮を王宮とすることであろう。早くも一六年初頭に難波遷都が行われた（詳細は次に述べる）。しかし、年末までに、紫香楽遷都の方針が決定されたと考えられる。難波宮の整備と甲賀寺での大仏制作の組み合わせでもまだ無理があったのである。そこで紫香楽宮を王宮として大仏制作と結合させたのである。翌一七年正月元日に紫香楽宮に大楯・槍が立てられたのは紫香楽宮を都としたことの象徴である。さらに、新しい都の造営は迷走した。前年から紫香楽宮近辺の火災があったが、四月頃から頻発するようになり、五月になると、地震が続くようになった。官人たちにどこを都とすべきか問うたところ、答えは平城京であった。この月、都は再び平城京に移った。天平一二年から一七年の五年間は、新しい王宮造営が次々に破綻していく過程であった。迷走の結果、恭仁宮の旧平城宮大極殿や、紫香楽宮、甲賀寺の大仏制作の跡などが、あまり意味もなく、残った。

安積親王の死去

天平一六年（七四四）閏正月、聖武天皇の難波行幸の時、安積親王が足の病気により桜井頓宮《さくらいのかりみや》から平城京に引き返し、二日後に死去した。このできごとは皇位継承をめぐる大きな事件だが、藤原仲麻呂による暗殺事件とする推定がある。現状でもこの説に対して賛否はあいなかばする状況である。

安積親王は当時、聖武天皇の唯一の男子であった。皇太子阿倍内親王は聖武と光明《こうみよう》皇后との間の子であり、立太子にこめられた意図は、阿倍を中継ぎとして、やがて生まれるであろう聖武と光明の間の男子（阿倍にとっては年の離れた同母の弟）へ皇位をつなぐことであった。次が不明確な中継ぎであったが、可能性が小さいわけでもなかったと思われる。もし待望の男子が誕生しなければ、安積親王が皇位につくことが考えられていただろう。このように考えると、安積親王の存在は必ずしも阿倍の即位を妨げなかった。

暗殺説は女性皇太子の阿倍内親王に安積親王を対置し、阿倍内親王—藤原仲麻呂、安積親王—橘諸兄との対立構図を想定して構築された。しかし、それは事実に反すると思う。安積親王に即位の可能性が生まれるのは阿倍皇太子の次であって、阿倍にとってかわる位置にはなかったと思われる。聖武天皇の治世はかなり長くなっていたが、天平一六年でまだ四四歳、阿倍内親王は二七歳であった。安積親王と皇位継承が問題になるのはかなり先のことと想像できよう。この時、切迫した事態になっていたとは考えにくい。藤原仲麻呂であれ、だれであれ、暗殺を想起する要因は見つけにくい。また、安積親王の母は県犬《あがたいぬ》養広刀自《かいのひろとじ》で、橘諸兄の近親と考えられる。諸兄は光明皇后の異父兄であり、安積自身も大きくは光明皇后・藤原氏・左大臣橘諸兄らの集団のなかにあったとみるべきである。ただし、この集団のなかで藤原仲麻呂の立場は微妙であった。この点は後述する。

安積親王の死去の時、藤原仲麻呂は平城宮の留守官であった。急ぎ恭仁宮に使が派遣され、駅鈴《えきれい》と内外の印を求め、諸司・朝集使を難波宮に召した。鈴・印がもたらされ、知太政官事鈴鹿王・兵部卿《ひょうぶきょう》大伴牛養《うしかい》らが恭仁宮留守に、紀清人《きのきよひと》・巨勢嶋村《こせのしまむら》が平城宮留守に任命された。ここに藤原仲麻呂の名はない。暗殺説によると、これは仲麻呂に対するひそかな処分となるのであるが、確実な根拠とはいいがたいと思う。状況からみて、暗殺説はとりがたく、また、その証拠となる事実もみあたらない。普通、暗殺の確かな証拠が残るはずはないのであるが。橘諸兄と藤原仲麻呂の対立、その結果としての安積親王の暗殺という考えはやはり事実とはいえないと判断する。

天平一六年の難波遷都

難波遷都の状況は複雑である。表2に載せなかった動きも含めて改めて整理しよう。天平一六年（七四四）正月、難波行幸に向けて装束次第司《しょうぞくしだいし》が任命され、準備が始められた。翌閏正月、官人および市人に恭仁・難波のいずれを都とすべきか問い、官人たちの間で拮抗した結果となったが、市人たちは圧倒的に恭仁宮を支持した。しかし、これにより恭仁宮の存続が模索されることはなく、計画通り、難波行幸が行われた。翌二月、難波遷都に向けた動きが進行した。駅鈴と内外印を取り寄せたことは安積親王の死去と関わるかもしれないが、諸司・朝集使《ちょうしゅうし》を難波宮に召し、恭仁宮の高御座《たかみくら》・大楯を運ばせ、兵庫《ひょうご》の器仗《きじょう》を移した。さらに、恭仁京の百姓《はくせい》の難波宮への移動を許可した。その後、聖武天皇は紫香楽へ向かったが、元正《げんしょう》太上天皇・左大臣橘諸兄は難波宮に留まり、難波遷都が実行された。諸兄が勅を宣して「今、難波宮を以て定めて皇都《みやこ》となす」と遷都を宣言した（『続日本紀』天平一六年二月庚申条）。三月に、中外門に大楯と槍が立てられた。

いっぽう、聖武が到着した紫香楽宮でもさまざまな動きがあった。三月に金光明寺の大《だい》般若《はんにゃ》経が紫香楽宮に運び込まれ、宮中の安殿《あんでん》に安置され、転読された。四月に紫香楽宮の造営を急ぐため、官司ごとに公廨銭《くがいせん》が与えられて、その交易した利益を財源とすることになった。一一月、甲賀寺で盧舎那仏像本体の柱が建てられ、聖武はみずからの手でその縄を引いた。これを待っていたかのように、難波宮の太上天皇が甲賀宮へ移動した。整理すると、閏正月から一一月までの間、聖武天皇は紫香楽宮に、元正太上天皇は難波宮にいた。難波遷都は聖武が難波宮にいない時に行われた。ここに天皇家の分裂を読み取り、聖武（および光明皇后・藤原仲麻呂）＝紫香楽宮案と、元正太上天皇（および橘諸兄）＝難波宮案の対立関係を想定するのである。

しかし、難波遷都の準備は聖武天皇が難波宮にいるうちに確かに進行しており、この点をめぐる対立は想定しにくい。それでもなお、聖武が難波遷都をきらい、紫香楽宮に向かったとすると、わずかな間の計画変更を考えなければならない。それはあまり現実的とはいえない。聖武が紫香楽宮および大仏造立を、元正が難波遷都を担当した。このような役割分担を考えるべきであろう。この段階で、新しい都の造営と大仏造立は並行して進められていた。そして、紫香楽遷都が決定され、役割分担は解消され、元正太上天皇は紫香楽宮へと向かったのであろう。

天平一二年から五年間の政治上の動向をやや細かくみてきたが、この間、右大臣（一五年五月に左大臣）橘諸兄と仲麻呂（一五年五月から参議）は政治的に強く対立し、さまざまな事件を引き起こしただろうか。否定的にならざるをえない。仲麻呂にそのような力が備わっていたとは考えにくい。貴族の最上位に位置したのは橘諸兄であり、貴族層のなかで大きな対立関係は存在しなかったと思われる。

安積親王とその周辺

『万葉集』の安積親王

阿倍内親王の立太子以後の皇位継承のプランについて前述したが、安積親王は、現に存在する、阿倍以後の唯一の天皇候補であった。彼女自身は中継ぎであり、聖武天皇と光明皇后の間に待望の男子が生まれなければ、安積親王が即位するのであった。憶測が過ぎるが、その男子が誕生したとしても、安積との関係はさまざまに変化しうるであろう。『万葉集』を材料に安積親王をとりまく人物を析出し、当時の政治の一面をみることが可能である。安積の周辺に橘諸兄、その子奈良麻呂、藤原八束《やつか》、市原王《いちはら》、中臣清麻呂《きよまろ》、大伴家持《やかもち》などがいたことがわかる。主なものを概観しておこう。

天平一〇年（七三八）八月二〇日に「右大臣橘卿」の旧宅で宴が催された。この時の歌一一首が巻八の秋の雑歌の部に収録される（一五八一〜一五九一）。右大臣橘卿とは諸兄のこと。奈良麻呂の歌二首、大伴家持の歌一首のほかに、久米《くめ》女王・長忌寸《ながのいみき》の娘・県犬養吉男・県犬養持男・大伴書持《ふみもち》・三手代人名《みてしろのひとな》・秦許遍麻呂《はたのこへまろ》・大伴池主《いけぬし》の歌がみえる。

天平一五年に、安積親王が藤原八束家で宴を催した。この時の大伴家持の歌がある（巻六　一〇四〇）。この三人以外の参加者は不明。天平一六年正月に活道岡《いくじのおか》の松の下で、市原王や大伴家持が宴を催した（巻六　一〇四二・一〇四三）。この宴にも安積親王が加わっていたとする推測もある。これらの歌は天平末期の政治状況を語るうえで、しばしば論じられてきた。

十六年甲申春二月安積皇子の薨《かむあがり》しし時、内舎人大伴宿禰家持の作る歌六首

（巻三　四七五〜四八〇）

かけまくも　あやに畏し　言はまくも　ゆゆしきかも　我が大君　皇子《みこ》の命《みこと》　万代
に　見したまはまし　大日本《おおやまと》　久迩《くに》の都は　うち靡く　春さりぬれば　山辺には　花
咲きをり　川瀬には　鮎子さ走り　いや日異《け》に　栄ゆる時に　およづれの　たはこ
とかも　白栲《しろたえ》に　舎人よそひて　和束《わづか》山　御輿《みこし》立たして　ひさかたの　天知らしぬ

れ　臥いまろび　ひづち泣けども　為むすべもなし

反歌　我が大君　天知らさむと　思はねば　おほにぞ見ける　和束杣山《わづかそまやま》

あしひきの　山さへ光り　咲く花の　散りぬるごとき　我が大君かも

右三首二月三日作る歌

かけまくも　あやに畏し　我が大君　皇子の命の　もののふの　八十伴《やそとも》の男《お》を　召し集へ　率《あども》ひたまひ　朝狩に　鹿猪《しし》踏み起し　夕狩に　鶉雉《とり》踏み立て　大御馬の　口抑《おさ》へとめ　御心《みこころ》を　見《め》し明らめし　活道山《いくぢやま》　木立の茂《しげ》に　咲く花も　うつろひにけり　世間は　かくのみならし　ますらをの　心振り起し　剣太刀　腰に取り佩《は》き　梓弓《あづさゆみ》　靫《ゆき》取り負ひて　天地と　いや遠長に　万代に　かくしもがもと　頼めりし　皇子の御門の　五月蝿《さばえ》なす　騒く舎人は　白栲に　衣取り着て　常なりし　笑ひ振舞《ふるま》ひ　いや日異に　変らふ見れば　悲しきろかも

反歌　はしきかも　皇子の命の　あり通ひ　見しし活道の　道は荒れにけり

大伴の　名に負ふ靫帯びて　万代に　頼みし心　いづくか寄せむ

右三首三月廿四日作る歌

『万葉集』において安積親王に関わる歌といえば、まず第一に想起されるのがこれらの大伴家持の挽歌であろう。安積が死去したのが、天平一六年閏正月一三日で、最初の三首は二月三日のもので、三七日の法会の際に詠まれたと推定される。後の三首は三月二三日のものである。

図3　安積親王和束墓（京都府和束町，お茶の京都 DMO 提供）

最初の長歌は、我が大君である皇子の命（安積親王）が万代まで治められるはずの久迩の都（恭仁宮）の情景を歌い上げ、次いで、和束山に向けて親王の御輿が立ち、天を治めに行かれたと死の事実を詠む。ころびまわり、涙に泣きぬれるが、なすすべはないと、悲しみは深い。和束（現京都府和束町）は安積親王の墓の所在地である。二首めの長歌は、我が大君である皇子の命が多くの従者を率い、朝に夕に狩りをした活道山を詠み、舎人たちが、天地とともに万代までと頼りにした親王の御門で、笑いや振るまいが変わっていくのは悲しいものだと、舎人たちに焦点をあてて悲しみを表す。どちらの歌からも、安積親王と大伴家持の深いつながりが読み取れる。

親王をとりまく貴族たち

橘諸兄は天平九年（七三七）の伝染病の大流行以後、政治の中心にあった。彼を中心とするグループがあり、安積親王とも結び付いていた。これは安積親王の置かれた地位を考えると、理解は容易である。

そして、その集団は反藤原氏的でもなかった。そもそも、藤原氏もそうだが、氏《うじ》はそのまま政治的な集団とはいえない。たとえば、皇親勢力のような用語も目にすることがあるが、これも同様である。属する氏や身分によって簡単に人の立場を区分すると、混乱をもたらす。とはいえ、彼らは理念や政策に基づいて政治的に結集していたのでもない。さまざまな要因によって政治的な党派が形成され、消滅したと思われる。

房前の子八束（後に真楯《またて》）は若い官人であったが、橘諸兄との結び付きを有した。その母が諸兄の姉妹牟漏《むろ》女王であったことが重要であろう。藤原八束は天平一二年正月に従五位下となり、右衛士督《うえじのかみ》・式部大輔《しきぶだいふ》を歴任し、一六年一一月に従四位下となった、一八年にこれらの官職を離任したようである。いっぽう、『続日本紀』の藤原真楯伝（天平神護二年〈七六六〉三月丁卯条）によると、彼は東宮大進《とうぐうだいしん》で官人としてのキャリアを開始した。年代は明確でないが、阿倍内親王の立太子以後のはずである。決して阿倍内親王と安積親王は対立的でなく、藤原八束は両者とつながりを有したようである。

伝をみると、彼が決して無視できない人物であったことがわかる。「感神《かんしん》聖武《しょうむ》皇帝《こうてい》の寵遇《ちょうぐう》特に渥《あつ》し。詔して特に奏宣吐納《そうせんとのう》に参らしむ。明敏《めいびん》にして時に誉あり」とある。「感神聖武皇帝」とは聖武天皇のこと。「奏宣吐納」とは何か。奏宣は天皇に申上することと天皇の命を伝えること、吐納とは皇后・皇太子に申上することとその命を伝えることである。この語にそこまでの厳密さはなく、藤原八束が聖武天皇に近侍して、奏宣を行ったという意味であろう。彼は聖武の治世の終わりに近い天平二〇年三月に参議となったが、それ以前に奏宣を職掌とする大納言・中納言（参議より上位）であるはずはなく、同じく奏宣を任とする少納言は位階の上でつりあわない。太政官の一員として奏宣を行ったのではなく、天皇のもとにあって太政官以下の官司機構との連絡・調整にあたったのであろう。端的にいって、このような地位は内臣だろう。藤原八束は父房前と同様、内臣になったと推定する。年代は天平一八年頃が考えられる。天皇に近侍する内臣の、政治的な重要性は改めて述べることもなかろう。さらに、藤原八束が参議となった時、藤原豊成は中納言から大納言に昇任したが、藤原仲麻呂は八束と同じく参議のままであった。

市原王は志貴《しき》皇子または川島皇子の曾孫で、安貴《あき》王の子。志貴・川島皇子ともに天智《てんち》天皇の男子である。正倉院文書のいわゆる写経所文書に名がみえ、詳細な動向が判明する。天平一一年前半に皇后宮舎人として皇后宮職《こうごうぐうしき》の写経司の管理・運営にあたった。皇后はもちろん光明皇后のことで、皇后宮職はその家政機関である。その後、しばらくの空白をはさんで天平一五年八月に写経所に出仕した。市原王は長官宮などと称された。これは玄蕃頭のことである。これ以前の天平一五年五月に従五位下に昇進した。

中臣清麻呂は天平一五年五月従五位下に昇進し、同年六月から一九年五月にかけて神祇《じんぎ》大副《だいふく》であった。最終的に右大臣まで昇進した人物であり、『続日本紀』の伝に、長く旧老として出仕し、儀礼や法令に通じて熟練していた旨の記載がある（延暦七年〈七八八〉七月癸酉条）有能な人物であった。大伴家持は内舎人で、天平一七年正月に従五位下に昇進した。彼らについては後に述べる。

藤原豊成・仲麻呂の立場

藤原豊成・仲麻呂兄弟はこの集団とはあまり結び付きがなかったようにみえる。豊成は天平九年（七三七）一二月に参議、天平一五年五月に中納言。仲麻呂は天平一五年五月に参議。彼らは阿倍内親王とは、阿倍の母が彼らの叔母光明皇后であったことを除いても、近い関係にあった。彼らの母が阿倍氏出身であった。阿倍内親王の乳母《うば》は阿倍石井《いわい》で、内親王の阿倍の名は乳母の氏に由来した。

石井が乳母となった理由は、まず、誕生当時に阿倍宿奈麻呂《すくなまろ》が中納言（あるいは大納言）としてあり、右大臣藤原不比等に次ぐ地位にあったことであろう。さらに、不比等の子武智麻呂の妻が阿倍氏の出身であったことにあろう。聖武の最初の子阿倍内親王が誕生した時、彼女の将来の即位を予想した人物はどれほどいたであろうか。それゆえ、乳母が誰であるかはさほど政治的意味を持たなかったと思われる。天平一〇年に阿倍内親王が立太子すると状況は変化した。しかし、彼女は中継ぎであり、問題はその次の天皇であった。豊成・仲麻呂兄弟は、この点で橘諸兄に対して不利な立場にあったと思われる。安積親王と強いつながりを築いたのはまずは諸兄たちであった。

天平末期において、知太政官事鈴鹿王は除き、貴族の最上位は左大臣橘諸兄であり、藤原豊成が中納言から大納言、藤原仲麻呂が参議、藤原八束が内臣で、最後に参議に任命され仲麻呂に追いついた。諸兄や八束は、中継ぎの阿倍内親王を除いて実質的な皇位継承者であった安積親王と結び付いていたが、豊成・仲麻呂は必ずしも安積と強い連携を有したとは考えにくい。仲麻呂の政治的な地位は決して高いとはいえないだろう。上位に諸兄・豊成がおり、八束の地位も簡単に仲麻呂より下位とはいえない。先に一つずつ論じたが、この時期に仲麻呂が諸兄に対抗するような行動ができたとは考えにくい。

孝謙天皇の即位

聖武天皇の出家

安積親王が急死した翌年、天平一七年（七四五）に聖武天皇自身が重大な病気となった。八月、平城京にもどってさほど間もない時期であるが、聖武天皇は難波に行幸した。九月に入り勅が出され、病気のために大赦や賑給《しんごう》が実施された。そして、病状が急激に悪化したらしく、勅により、平城・恭仁宮を固く守ること、孫王《そんおう》を難波宮に召すこと、平城宮の鈴印（駅鈴と内印＝天皇印）を取り寄せることが命じられた。薬師悔過《やくしけか》、賀茂・松尾社などでの祈禱、放生《ほうじょう》が行われ、三八〇〇人もの出家が許可された。これらのできごとから事態の深刻さを読み取ることは容易である。孫王とは歴代天皇の孫のことで、舎人・新田部の子など、皇位継承の可能性のある人物たちが含まれた。しかし、ある程度の回復をみたらしく、聖武はこの月の終わりに平城京に向けて難波宮をたつことができた。

その後の状況を確認しておくと、翌天平一八年の元日は廃朝《はいちょう》、つまり朝賀《ちょうが》を実施しなかった。翌年も同じだが、聖武天皇は南苑《なんえん》で宴も開き、勅して大赦を行った。勅に長く体調がすぐれないことがみえる。翌年、翌々年も廃朝。難波宮での病気以後、元日朝賀はまったく行われなかった。聖武天皇の健康状態の悪化がうかがわれる。このようにして、皇位継承構想がほぼ完全に崩壊した。皇太子阿倍内親王の次の第一候補、つまり、聖武・光明の男子が誕生する可能性が消滅したといってよい。そして、第二候補の安積親王もすでにいなくなっていた。結局、高齢とはいえないが病身の天皇とその皇后、独身の女性皇太子のみが残った。

橘奈良麻呂はこのような状況を「陛下、枕席《しんせき》安からず。殆ど大漸《だいぜん》に至らんとす。然《しか》るに猶《なお》、皇嗣《こうし》を立つことなし」(『続日本紀』天平宝字元年〈七五七〉七月庚戌条)と表現した。大漸とは危篤状態。これは正当な認識である。皇太子阿倍内親王は存在したが、その次の皇嗣がいなかった。安積親王を失った諸兄たちもおそらく混乱し、この頃から奈良麻呂が中心となり陰謀を準備し進めていった。それは後に発覚した。

病身の聖武天皇は天平感宝元年（七四九）四月一日、東大寺に行幸し、盧舎那仏像に北面して向かい、みずからを「三宝《さんぽう》の奴」と称して金の産出を報告し、三宝（仏教）に対する奉仕者の地位にたつことを表明した。その後、諸寺に墾田などを施入した。その願文に「太上天皇沙弥《しゃみ》勝満《しょうまん》」とあり、すでに出家して皇位を離れていたことがわかる。その後、平城宮を離れ、薬師寺に移った。これは出家者として俗的な政治から離れ、寺院を生活の場とすることを示したものである。

孝謙天皇と藤原仲麻呂

聖武が出家して政治から離れた後、阿倍内親王が即位した（孝謙《こうけん》天皇）。それにともない光明皇后の皇后宮職を改組して紫微《しび》中台《ちゅうだい》が設置された。実際の統治においておそらく主導的な役割を果たしたのは光明皇太后であった。しかし、光明皇太后に統治権が委譲されたのではなく、実質的な統治を主導していたとしても、新天皇を補佐する機能である。彼女の場合、出家した聖武太上天皇から権限の委譲を受けたと思われ、太上天皇の代行者の地位と考えられる。

紫微中台が光明の活動を支えた機関であるが、それは同時に天皇家の家政を執行する機関でもあった。これに関して天平勝宝八歳（七五六）の東大寺・法隆寺献物帳などの一次史料が現存する。

聖武太上天皇の死後、その遺産などを東大寺大仏に勅施入したのが、いわゆる正倉院宝物のうちの北倉収納の宝物類である。施入の際のリストが正倉院に現存する東大寺献物帳である（表3）。施入後、これら物品の出納は、勅使が派遣されて執行され、正確に記録された。これらは東大寺大仏の所有物であるが、東大寺に置かれた天皇家の財産ともいえる。正倉院に現存する宝物に関する帳簿や文書は、この時期の貴重な一次史料である。

東大寺献物帳では、光明・孝謙の意志が紫微中台および侍従藤原永手《ながて》によって同じ形式で施入が実施された。文書末の署名の部分を記す（屏風花氈等帳）。

従二位行大納言兼紫微令中衛大将近江守藤原朝臣　仲麻呂
従三位行中務卿兼左京大夫侍従藤原朝臣　永手
従四位上行紫微少弼兼武蔵守巨万朝臣　福信
従四位下守右大弁兼紫微少弼春宮大夫行侍従勲十二等巨勢朝臣堺麻呂
紫微大忠正五位下兼行左兵衛率左右馬監賀茂朝臣　角足
従五位上行紫微少忠兼常陸員外介葛木連　戸主

その際、光明の意志は勅とはされず、孝謙の意思のみが勅と記されたが、同じ形式で施行される点に注目し、光明の意志は孝謙天皇のそれと同等とみることができる。また、紫

表3　東大寺献物帳

年月日	通称	施入物	収録
天平勝宝八歳六月二一日	国家珍宝帳	さまざまな宝物	四―一二一
天平勝宝八歳六月二一日	種々薬帳	薬品類	四―一七一
天平勝宝八歳七月二六日	屏風花氈帳	屏風など	四―一七七
天平宝字二年六月一日	大小王真跡帳	王義之の書など	二五―二二九
天平宝字二年一〇月一日	藤原公真跡屏風帳	藤原不比等の書	四―三三七

注　「収録」欄は『大日本古文書（編年文書）』の収録巻とページ。

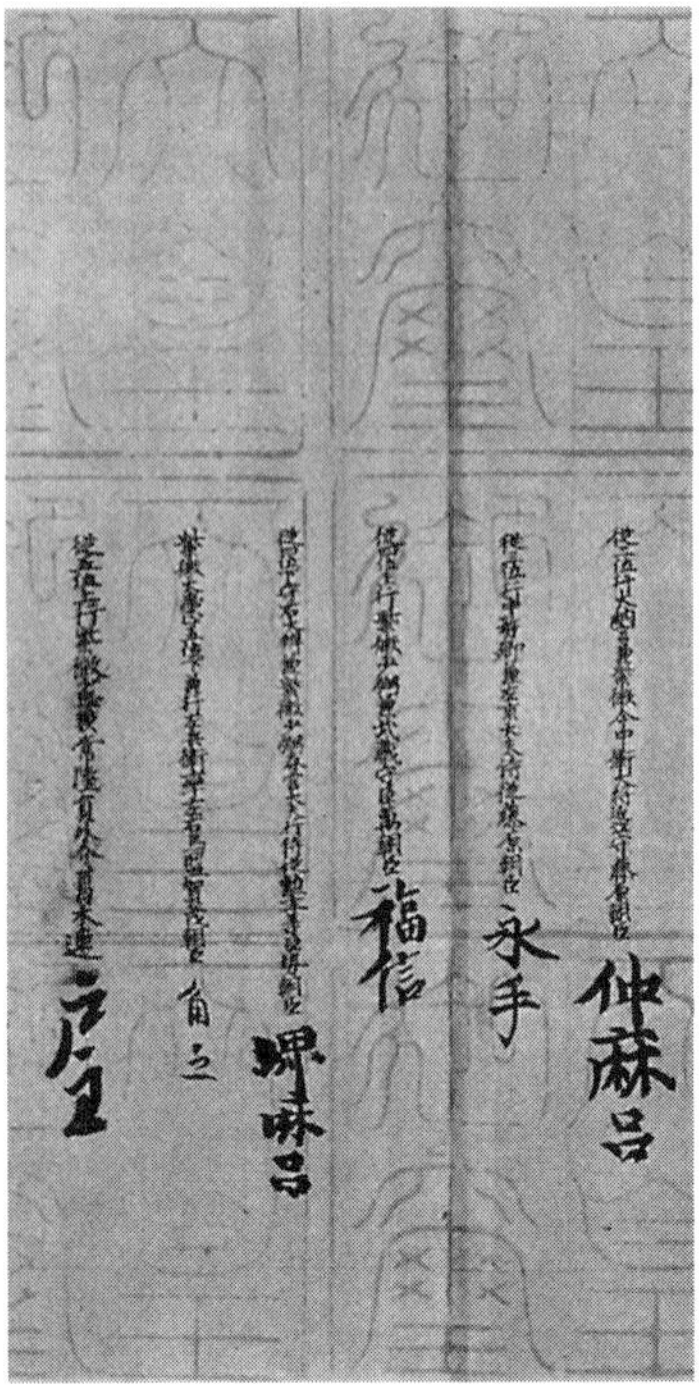

図4　屏風花氈等帳
（署名部分，正倉院宝物）

微中台がそれらの施行主体であることから、紫微中台の本主である光明が第一に家産の決裁権を保持したと考えられる。

紫微中台の職務は法制上、「中に居《お》り勅を奉《うけたま》わりて、諸司に頒《わか》ち行う」（『続日本紀』天平宝字二年八月甲子条）とされる。中とは天皇家の近辺のことで、献物帳などからみて、「勅」は光明や孝謙の「みこと」（言葉）を意味する。献物帳では侍従の永手が孝謙の意思・認可を伝えたのであるが、紫微中台に対する伝達程度にとどまり、紫微中台が施行主体である点も動かない。

もう一つの一次史料に着目しよう。それは天平勝宝元・二年の官奴婢《かんぬひ》関連文書である。そのなかに、勅により諸国から買進された奴婢を、東大寺に施入したものがある。丹後《たんご》・但馬《たじま》・美濃《みの》国の例が確認できる。それによると、この勅は大納言藤原仲麻呂の宣（命令）―太政官符―民部《みんぶ》省符のルートで、諸国に充てられ施行されたことがわかる。

勅を受けた太政官議政官の宣により発給された太政官符を奉勅上宣官符《ほうちょくじょうせん》という。八世紀末期にこのような政務処理の方式がきちんと確立したが、先だってこの時代の仲麻呂の事例がある。これは天皇家の家政の領域が議政官のなかで仲麻呂の専権事項であったからであると思われる。つまり、天皇家の家政の領域は仲麻呂以外の議政官が関与することはできず、太政官符の文面にもそれが明記されなければならなかったのである。

紫微中台の設置

紫微中台は巨大な官司であった（表4）。成立当初は、藤原仲麻呂―紫微令、大伴兄麻呂《えまろ》・石川年足《としたり》―大弼《だいひつ》、百済王《くだらのこにきし》孝忠《こうちゅう》・巨勢堺麻呂《さかいまろ》（後に関麻呂）・背奈王《しょうなおう》（後に高麗）福信《ふくしん》―少弼《しょうひつ》、阿倍虫麻呂《むしまろ》・佐伯毛人《えみし》・賀茂《かも》（鴨）角足《つのたり》・多治比土作《はにつくり》―大忠《だいちゅう》、出雲屋麻呂《いずものやまろ》・中臣丸張弓《わにのゆみはり》・吉田兄人《きちだのえひと》・葛木戸主《かつらぎのへぬし》―少忠《しょうちゅう》であった。権力者仲麻呂と巨大な官司紫微中台の存在から、紫微中台が太政官の議政官から権限を奪取し官僚機構の中枢に位置したとする、紫微中台の機能をきわめて大きく評価する見解がある（早川庄八「上卿制の成立と議政官組織」）。

ここで注意したいのは、仲麻呂は単なる紫微令でも、単なる大納言でもなく、両方を兼任した事実である。太政官は官司機構全体を統括する機能を持つ。この点は一貫して変わりなかったと思われる。仲麻呂が紫微令の権限で、太政官の事務機構を指揮し、文書を発給させることなどができたとは思えない。大納言仲麻呂はそれが可能である。大納言藤原仲麻呂は、まずはそのままに理解されるべきである。紫微中台は制度上、太政官議政官に置きかわらない。紫微中台は主に光明の命令を奉じる機関であり、太政官は官司機構を統括する行政の中核である。仲麻呂は紫微令と大納言を兼ねることによって、光明の意志をストレートに施行する体制を作り上げたのである。従来、紫微令と大納言の兼任の事実が看過されてきたように思われる。

藤原仲麻呂の上位に左右大臣がいた。左大臣は橘諸兄（従一位）、右大臣は藤原豊成（従二位）である。また、仲麻呂よりわずかに早く巨勢奈弖麻呂《なてまろ》（従二位）が大納言に昇任していた。藤原八束は譲位後の聖武太上天皇に近侍したようである。伝に仲麻呂が八束の能力を警戒し、八束は病と称して隠遁したとある。まず、聖武天皇の譲位にともなって、新天皇孝謙が改めて任命しない限り、八束の内臣の地位は消滅したはずである。参議はそのまま継続したと思われるが、その後、天平勝宝四年（七五二）四月に摂津大夫に任命されるまでの五年程度、彼の動向は不明である。参議の人物の動向が比較的長期にわたってみえないのはやはり尋常とはいえない。この間、太政官の政務などに参加せず、聖武太上天皇に近侍したと思われる。ただし、その処遇が藤原仲麻呂が警戒した結果であったかは、大いに不審で

表4　紫微中台の四等官

ランク	官職名	定員	相当位
長官	紫微令	一人	正三位
次官	大弼	二人	正四位下
	少弼	三人	従四位下
判官	大忠	四人	正五位下
	少忠	四人	従五位下
主典	大疏	四人	従六位上
	少疏	四人	正七位上

ある。この部分は後の仲麻呂の姿を知る者の筆になるような気がする。主な原因は聖武天皇の譲位そのことにあり、内臣の藤原八束は政治から離れた聖武太上天皇に従ったのである。聖武は病身であったが、重要な務めがあった。それは東大寺大仏の造立であった。史料的に確認はできないが、八束もそれに従事したとと考えられる。

この時、藤原仲麻呂は最上位の貴族とはいえなかった。しかし、紫微令の地位は特別な地位であった。また、仲麻呂は紫微令とともに中衛大将《ちゅうえのたいしょう》に任命された。中衛府は神亀五年（七二八）八月に設置された新しい衛府である。大将・少将・将監《しょうげん》・将曹《しょうそう》の四等官を持ち、これらの相当位は五衛府（衛門《えもん》府・左右兵衛《ひょうえ》府・左右衛士《えじ》府）に対して高かった。中衛府は五衛府の上に位置し、天皇に最も近侍する特別な軍事組織であった。「中」とはその意味である。成立当初から藤原氏と深い関係を有し、大将の地位は藤原房前《ふささき》・豊成《とよなり》・仲麻呂と連続して藤原氏の有力人物が任命された。これも仲麻呂の政治上の性格として見逃すことはできない。ともあれ、これ以後、光明皇太后と紫微令藤原仲麻呂を中心に政治が展開していったことはまちがいない。

孝謙天皇の皇太子

孝謙天皇の治世はおおむね平穏であった。光明皇太后が大納言と紫微令を兼任した仲麻呂と連携しながら、政治を担当する形態は安定をもたらしたようである。大きな未解決の問題は孝謙の次の天皇であった。天平勝宝八歳（七五六）五月に聖武が死去し、子の誕生の可能性は形式的にも消滅した。中継ぎの孝謙も存在意義が消滅し、皇位は傍流の王家へ移行せざるをえなくなった。

傍流からの皇太子

ここまで天皇を出してきたのは天武《てんむ》・持統《じとう》天皇直系の一族である。これに対して、傍流の王家とは、さしあたり、三つの王家をあげることができる。舎人《とねり》親王の子孫（大炊《おおい》王・船《ふね》王・池田王・和気《わけ》王ら）、新田部《にいたべ》親王の子孫（塩焼王・道祖《ふなど》王ら）・長屋《ながや》王の子孫（安宿《あすかべ》王・

黄文《きぶみ》王・山背《やましろ》王ら）である。天平宝字元年（七五七）四月の孝謙の勅に天皇家のなかで舎人・新田部親王はもっとも年長であるとあり、その一族の一人ごとの評価が示された。この二人は天武天皇の子（母は持統天皇ではない）で、養老四年（七二〇）八月に知太政官事・知五衛及授刀舎人事に任命された、八世紀前半の天皇家の有力者であった。

長屋王は天武の子高市皇子《たけちのみこ》（母は持統ではない）を父に持つ有力王族であったが、周知のごとく、政変により自殺した（長屋王の変）。この時、妻吉備《きび》内親王との間の男子はともに自殺したが、藤原不比等の女との間に生まれた子たちは処罰もされず、生き残った。おそらくこの母子は長屋王邸（平城京左京三条二坊）とは別の場所に居住した。変の直後に、勅により長屋王の弟姉妹や子孫などはすべて赦除されており、彼らが罪に問われることはなかったのである。この三王家が八世紀後半の有力な傍流の王家と位置づけることができるだろう。

さて、どの王家の誰に皇位を継承させるのだろうか。この局面で聖武太上天皇の遺詔が大きな意義を持った。聖武は遺詔で新田部親王の子道祖王を皇太子に任命した。実際の政治に関与していなかったが、この場合、聖武の意志こそがもっとも優先し、天皇家を代表すると考えられたのであろう。遺詔の内容の一部が、後の段階での、称徳天皇の詔に引用された形で判明する（『続日本紀』神護景雲三年〈七六九〉一〇月乙未朔条、後掲）。そこには、皇位は天が授ける意志を持たない人物に授けては保つことができず身を滅ぼしてしまうものであり、聖武太上天皇が定めた人物でも、孝謙天皇がよくないと思えば、廃して改めて別人を立ててもよいとあった。

ここで人（天皇）の決定よりも天の承認が優先することが示された。各天皇が血統によりそれぞれ後継者を決定していくのを世襲的方法であるとすると、それより、天の承認が優先するのである。これは天皇家の本流の滅亡を前にした聖武太上天皇の対応であった。

出家した聖武太上天皇にとって、天とは何か。天は仏教の諸神、天の神々、天皇御霊のことであり、そのなかでも仏教が優先した。天の承認とは主として仏教の諸神による承認のことであったと思われる。このことに、聖武がみずからを三宝の奴と位置づけたことを加えれば、仏教への奉仕者＝天皇の指名した人物が、仏教の諸神によって承認され、初めて正統性を付与されるとする論理は一貫しており、きれいである。つまり、この時、天皇が仏教者になったことを前提にして、その新しい天皇の姿に適合的な皇位継承の方式が創設されたといえる。ただし、実質的に傍流の王家の複数の候補から選択しなければならない現実の状況があり、天の承認がいかなる形で示されるのかはさほど明確ではない。実際の選択は孝謙天皇に委ねられたといってよい。

大炊王の立太子

天平宝字元年（七五七）四月、道祖王は廃された。心持ちが淫縦《いんしょう》であったという理由である。孝謙天皇は聖武太上天皇の遺詔を示して群臣に道祖王の処分を諮り、群臣たちは孝謙の意志に従うことを回答した。

次いで、天皇は新しい皇太子について群臣に協議させた。右大臣藤原豊成や藤原永手は道祖王の兄塩焼王を、文室珍努《ふんやのちぬ》・大伴古麻呂《こまろ》は舎人親王の子池田王を推挙した。大納言藤原仲麻呂は特定の人物を示さず、天意を奉ずるのみと回答した。そこで勅をもって新たな皇太子大炊王が決定された。その理由を聞こう。舎人・新田部両親王の子のうち、新田部の子道祖王は適格でないので、舎人の子のうちから選ぶべきで、船王は女性関係の点で正しくなく、池田王は親に対する孝行を欠くので不適格である。塩焼王（新田部の子）はかつて太上天皇が無礼を責めた。ただ大炊王だけが悪いことを聞かない。それゆえ、大炊王を立てる。

これに対して右大臣以下はその命に従うことを奏上した。大炊王は舎人親王の第七子で、母は当麻山背《たいまのやましろ》（従五位上当麻老《おゆ》の子）。藤原仲麻呂は自身の亡き男子真従《まより》の妻であった粟田《あわたの》諸姉《あねめ》を大炊王の妻として、私宅の田村第に住まわせていた。立太子の時に二五歳であった。

『続日本紀』は「是より先、大納言仲麻呂、大炊王を招きて田村の第《てい》に居らしむ」と藤原仲麻呂と大炊王の特別な関係をことさらに記す（天平宝字元年四月辛巳条）。

大炊王立太子の勅が出された。道祖王への強い非難が述べられた。たとえば、諒闇《りょうあん》の期間に近侍する童子に通じた、機密を漏らした、女性の言を用いて道理にそむいた、宮を出て夜に独りでもどったと。道祖王の行状はおおむねこのようなものであったのだろう。この点で孝謙天皇の判断は正当である。勅は続く。道祖王を廃して大炊王を立て、みずから三宝に乞い、神明にいのったところ、三月二〇日に住屋の承塵《しょうじん》の帳《とばり》の裏に「天下太平」の字が現れた。これは仏教が国家の太平を記し、諸神が国家の安定を示したのである、と。「天下太平」の文字の出現こそが天の承認の証拠であった。

紫微内相

天平宝字元年（七五七）五月、養老律令が施行され、同時に藤原仲麻呂は紫微内相《しびないしょう》となった。養老律令施行の勅には、養老年中、外祖藤原不比等が勅を奉り、律令を制定したと、わざわざ不比等の功績が強調された。外祖とは不比等が孝謙の母光明皇太后の父にあたることによる。

しばらくして、紫微内相の官位・禄賜《ろくし》・職分・雑物は大臣に準ずることとされた。仲麻呂は紫微令・大納言から紫微内相（准大臣）に昇進した。紫微中台と太政官議政官を兼ねたことは変わりない。紫微内相も紫微中台の長官であることに変わりはなく、太政官における地位が大納言から大臣へ昇進したとみることができる。この間、八年。それほど急速な昇進でもない。前年二月に左大臣橘諸兄は引退し、大臣は右大臣藤原豊成のみであった。さらに豊成もこの直後の七月に、橘奈良麻呂の変に関わって大宰員外帥《だざいいんがいのそち》に左降された。この時点で仲麻呂が最上位の貴族、唯一の大臣となったのである。

それにしても、任命の詔（『続日本紀』天平宝字元年五月丁卯条）や紫微内相の地位には不審なところがある。詔をみてみよう。将《しょう》（軍を率いる者）と相《しょう》（政治をつかさどる者）は道を異にし、政《まつりごと》に文武の区別があり、理としてそうあるべきである。この認識から、令の規定の外に紫微内相を置き、「内外の諸《もろもろ》の兵事」を管掌させるとある。まず、将と相（武と文）を区別するといいながら、紫微内相（という相）がなぜ兵事（武）を管掌するのであろうか。何か論理のおさまりが悪い。新令の施行と同時に、規定のない官職を設けたのも不思議である。また、内外の諸の兵事とは軍事部門の全体を意味するが、いったい仲麻呂はどのような権限を得たのであろうか。仲麻呂は依然として中衛大将でもあった。その後、反乱を起こすまで一五年もの間、この職にあった。また、紫微大忠佐伯毛人は中衛少将《しょうしょう》を兼任した。

六月に軍事関係の大きな人事異動が行われた。兵部卿《ひようぶきよう》の橘奈良麻呂は右大弁となり、後任は紫微大弼の石川年足であった。兵部大輔に大伴家持が、少輔に藤原縄麻呂《ただまろ》が任命され、縄麻呂は直後に侍従を兼任した。紫微大忠と左兵衛督《さひようえのかみ》・左右馬監《めげん》を兼任した賀茂角足は遠江守《とおとうみ》に転出し、大倭小東人《やまとのおおあずまひと》が紫微大忠、日下部子麻呂《くさかべのこまろ》が左兵衛督となった。田中《たなかの》多太麻呂《ただまろ》が中衛員外少将に任命された。そのほかに、衛門佐《えもんのすけ》・左衛士佐《さえじのすけ》・右兵衛督《うひようえのかみ》・右馬頭《うまのかみ》・左兵庫頭《さひようごのかみ》が新たに任命された。

この任官は橘奈良麻呂らの陰謀への対応策であったが、仲麻呂が紫微中台の配下を通して兵部省を把握することが実現した。賀茂角足も仲麻呂の配下にあって軍事部門に関係したが、この重要人物がこの時、外官に転出したのは奈良麻呂らの計画に荷担したからである。軍事部門全体を統轄する職務とは、漠然としていて機能がつかみづらく、明確な権限があったのかと疑われる。仲麻呂自身が中衛大将であり、衛府などの官職と紫微中台の官職との兼任などを通じて、軍事的な権力が仲麻呂のもとに集中されていったのだろうと思われる。そして、漠然と紫微内相が兵事を掌握するとしたのは、進行しつつあった橘奈良麻呂らの陰謀に対する、おそらくは急ごしらえの対策ではなかっただろうか。このできごとの、ぎごちなさはこのように考えて、いちおうは説明が可能である。

橘奈良麻呂の変

時はやや さかのぼるが、天平一七年（七四五）、聖武が不予になった頃、橘奈良麻呂らの反乱計画が進行していた。この計画は天平宝字元年（七五七）七月に発覚し、奈良麻呂らは処分された。これが橘奈良麻呂の変である。『続日本紀』に関係する記載があるのは当然である。ここに関係者に対する詳細な尋問記録が記載されており、かなり細かな計画の内容が判明する。

橘奈良麻呂の陰謀

佐伯全成《またなり》に対する尋問によると、天平一七年、聖武が病気の時、橘奈良麻呂は長屋王の子黄文王を立てる計画を全成にあかし、同調を求めた。多治比国人《くにひと》・多治比犢養《こうしかい》・小野東人《あずまひと》がすでに計画に参加していた。大伴・佐伯氏がこの挙に加われば敵はなかろうと、伝統的に軍事を担っていた大伴・佐伯氏に対する期待をも示した。その後、天平勝宝元年（七四九）、橘奈良麻呂が再び勧誘し、同八歳四月、奈良麻呂は弁官《べんかん》の曹司《ぞうし》で全成に大伴古《こ》麻呂《まろ》を引き合わせた。これは聖武太上天皇の死去の一ヵ月程度前である。奈良麻呂はいった。「聖体宜《せいたいよろ》しきに乖《そむ》けること、多く歳序を経たり。消息を闚《うかがい》い看《み》るに、一日に過ぎず。今天下乱れて、人心定まることなし。もし他氏の、王を立つる者あらば、吾が族徒《うがらいたづら》に滅亡《ほろ》びん」、（黄文王を擁立して）「以て他氏に先にせば、万世の基とならん」（『続日本紀』天平宝字元年七月庚戌条）。聖武太上天皇の死後の混乱を予想し、他の氏が天皇を擁立すると自分たちは滅亡してしまい、いっぽう、他の氏に先んずれば、長く繁栄すると考えていた。大伴古麻呂はこれに対して、「右大臣・大納言、是の両箇の人、勢に乗りて権を握れり。汝、君を立つといえども、人豈《あ》に従うべけんや」と応じた。右大臣は藤原豊成、大納言は藤原仲麻呂。彼らがいるので、奈良麻呂が天皇を擁立しても、人は従わないというのが古麻呂の考えであった。

大伴古麻呂は天平勝宝二年九月に遣唐副使に任命され入唐し、六年正月に帰着した。唐での朝賀の時に新羅と席次を争い、帰国の際、大使の船から下ろされた鑑真《がんじん》をひそかに乗せて、その来朝に大きく貢献したことで有名である。当時の有力な貴族の一人で、この計画の中心人物の一人であったと思われる。彼は自分たちの危機を敏感に感じ取っていたと思われるが、橘奈良麻呂の計画に賛同したわけではなかった。しかし、右大臣（藤原豊成）・大納言（仲麻呂）の勢力拡大を述べる点など、この兄弟が必ずしも協調していなかったこともあまり認識していなかったとも推定される。

小野東人らに対する尋問によると、天平宝字元年（七五七）六月に三度の密会が行われた。場所は奈良麻呂の家、図書寮《ずしょりょう》の蔵近くの庭、太政官院の庭であった。参加者は橘奈良麻呂・大伴古麻呂のほかに安宿王・黄文王・多治比犢養・多治比礼麻呂《いやまろ》・大伴池主・多治比鷹主《たかぬし》・大伴兄人《えひと》であった。小野東人に対する尋問によると、彼らは天地と四方を礼拝し、塩水をすすって計画の実行を誓った。

計画は七月二日の夜を決行の時として、内相（藤原仲麻呂）宅を包囲して内相を殺害、皇太子（大炊王）を廃し、皇太后（光明）宮から鈴璽を奪い取り、右大臣（藤原豊成）が号令して孝謙天皇を廃した後、四人の王、つまり、安宿王・黄文王・塩焼王・道祖王のなかから天皇を立てるという内容であった。また、賀茂角足が高麗福信《こまのふくしん》・奈貴王《なき》・坂上苅田《さかのうえのかりた》麻呂《まろ》・巨勢苗麻呂《なえまろ》・牡鹿嶋足《おしかのしまたり》を宅に招いて飲酒し、決行時に行動させないようにすること、包囲の際の参考にするために、田村宮の図を作ることなども計画された。奈貴王らは有力な武人であったと思われる。また、上道斐太都《かみつみちのひたつ》の密告によると、陸奥鎮守将軍《むつちんじゆしようぐん》・按察使《あぜち》に任命された大伴古麻呂が陸奥に向かう途中で不破関《ふわ》において病と称して関を塞ぐことも計画されていた。

陰謀の発覚

このような計画も徐々にもれていったのであろう。六月九日に氏長が一族を集めることや武器を持つこと、騎馬で行動することなどが禁止された。また、この頃に、巨勢堺麻呂の密告があったらしい。それは答本忠節《たほのちゆうせつ》から得た情報であった。答本忠節は大伴古麻呂が小野東人に陰謀を告げ勧誘したのを目撃した。それを右大臣藤原豊成に密告したところ、豊成は、仲麻呂に教えを与えて殺させないようにすると答えた。このような内容であった。豊成は仲麻呂に自重をうながそうとしたらしい。一六日に任官が行われ、大伴古麻呂が陸奥鎮守将軍・按察使に任命されたこと自体もおそらくこの計画と何らかの関わりがあろう。その後、山背王の密告があり、情勢が動き始めた。

七月二日、まず、孝謙天皇の詔（宣命体《せんみようたい》）が出された。陰謀やそれに関する密告の存在をほのめかし、天皇の命に従わない者は国法により処分せざるをえなくなるので、みずからの家門や祖名を失わないように仕奉せよ、と温厚な態度を示した。さらに、光明皇太后が右大臣以下を召し入れ詔を出した（宣命体）。その内容は二点であった。まず、汝らは「近き姪《おい》」であって、かつて天皇（ここでは聖武天皇）がしばしば、後には太后（光明自身）によく仕奉せよと詔した（ことを忘れるな）と主張、さらに大伴・佐伯氏は遠い昔から「内《うち》の兵《いくさ》」として仕奉してきたのであり、大伴氏は「吾が族」でもあるから、このようなことが聞えるはずがないと、警告した。夕になり上道斐太都が紫微内相藤原仲麻呂に詳細な情報を伝えた。仲麻呂はこれを孝謙天皇に奏し、行動を開始した。高麗福信らを遣わし、小野東人・答本忠節を捕らえ、太子を廃されたばかりの道祖王の宅を包囲した。

翌日、右大臣藤原豊成・中納言藤原永手らが小野東人を尋問したが、東人は密告の内容を否定、夕に藤原仲麻呂は塩焼王・安宿王・黄文王・橘奈良麻呂・大伴古麻呂に対して光明皇太后の詔を宣した。内容は、密告があったが、光明と近い関係にあるから、罪を免すというものであった。この時、仲麻呂らは橘奈良麻呂らの計画の全貌をほぼつかんでいたと思われる。翌日に、藤原永手らが東人を再尋問し自白を得た。黄文王・橘奈良麻呂・大伴古麻呂・多治比犢養・佐伯古比奈《こひな》に対して尋問が行なわれ、収獄し、百済王敬福・船王らが黄文王・道祖王・古麻呂・犢養・東人・賀茂角足の拷掠《ごうりやく》・窮問《きゆうもん》を行い、彼らは死亡した。遠江守多治比国人・陸奥守佐伯全成の尋問も行われた。佐伯全成が計画に同調した形跡はなかったが、勘問の後に自殺した。九日になって、勅により藤原永手・坂上犬養《いぬかい》が藤原豊成の邸宅に向かい、事件との関わりで男子の乙縄《おとただ》の引き渡しを命じた。豊成は乙縄に肱禁《こうきん》を加えた上で引き渡した。その後、豊成自身も大宰員外帥に左降された。

四人の諸王のうち、黄文王・道祖王は拷問により死去した。黄文は「多夫礼《たぶれ》」、道祖は「麻度比《まどひ》」の名を与えられた。安宿王と妻子は佐渡に配流されたが、塩焼王は関わりがなく、処罰されなかった。その後、孝謙の乳母山田比売嶋《やまだのひめしま》（すでに死去）もこの陰謀に関わり、隠匿したとして、「御母《みはは》」の称や宿禰《すくね》姓を剝奪された。中納言多治比広足は、一族から賊徒を出した責任を問われ、解任された。

小野東人・賀茂角足がどの程度の役割を果たしたのかはよくわからない。東人は最初の段階から有力なメンバーであったらしい。角足は紫微大忠で左兵衛率・左右馬監を兼任していた。紫微中台の官職に在任した点、左兵衛府・左右馬寮といった軍事関係の官職にあった点はきわめて興味深い。この人物は光明皇太后や紫微内相藤原仲麻呂のもとで軍事を支えるべき、近臣といってもよい人物であった。田村宮の図を作ることができたのもおそらくそのゆえである。その後、天平宝字元年（七五七）六月に遠江守に任命され、上記の官職を離任したと思われる。角足は拷問のすえに死去した。その処遇も過酷であるが、黄文王・道祖王と同じようにあつかわれ、「乃呂志《のろし》」の名を与えられたのもそのゆえであっただろう。

藤原八束と中臣清麻呂

さて、藤原八束・中臣清麻呂・大伴家持はどうなったのだろうか。彼らは橘奈良麻呂なども近い人物であった。

天平宝字元年（七五七）八月、藤原八束は従四位上から正四位下へ昇進した。これは橘奈良麻呂の変に関する行賞であった。その翌年に淳仁《じゆんにん》天皇の即位があり、藤原仲麻呂をはじめ石川年足・文室智努・巨勢関麻呂・紀飯麻呂《きのいいまろ》・藤原真楯らが官司の名称を改めた。真楯とは八束のことである。淳仁の即位を機に改名したのである。『続日本紀』の伝は改名の時期を天平宝字四年と誤っているが、「更に名を真楯と賜う」とあり、改名は天皇の命によったことがわかる。また、八束と同時に弟の千尋《ちひろ》が御楯《みたて》、仲麻呂の子弓取《ゆみとり》が真先《まさき》、奈良麻呂の陰謀を密告した上道斐太都が正道《まさみち》と改名した。彼らはいずれも仲麻呂に近い人物である。真楯は政治世界の中心に復帰した。そして、この段階で仲麻呂に敵対する存在でもなかった。

中臣清麻呂は多治比氏と近しい関係にあった。清麻呂の母は多治比嶋《しま》の女子であったと考えられるが、妻も多治比氏出身の古奈禰《こなね》であった。具体的な状況は不明だが、清麻呂が母・妻の出身氏族である多治比氏と無関係であったはずはなく、橘奈良麻呂の変に加担した犢養らとも何らかのつながりを有した可能性はある。橘奈良麻呂の変において、清麻呂がどのような行動をとったかを直接ものがたる史料は存在しない。しかし、正倉院文書のうちの一点、「神祇大輔中臣毛人等百七人歴名」（『大日本古文書（編年文書）』一五巻一二九ページ）に「台大忠中臣浄万呂兼」とあることは重要である。この文書は日付を欠くが、天平宝字二年八月のもので、任官の記録である。この時、清麻呂は紫微大忠であった。兼とされるが、おそらく本官は式部大輔。清麻呂は、この時、処罰されることはなく、逆にその後は紫微大忠として現れた。これはほぼまちがいなく、彼が光明・仲麻呂の陣営に転じたことを意味するであろう。

それと密接な連関を有すると思われるのが、この事件の直前に出された天平宝字元年六月一九日の「制」（『続日本紀』同年月乙未条）である。それは伊勢大神宮の幣帛《へいはく》使にすべて中臣朝臣氏を充てるというものである。この法は『古語拾遺』で誤った事柄の一一条の一つとしてあげられ、こちらは「左弁官口宣《さべんかんのくぜん》」とされる。そして、それは実際に行われていないが、官例に載せられているとの記述がある。『古語拾遺』は、平安初期に斎部広《いんべのひろ》成《なり》が著した書。斎部（忌部）氏は中臣氏などとともに神祇祭祀に従事した。この書には、中臣氏に対して、斎部氏の立場を主張する側面がある。この一一条もそのような斎部氏からみた誤りである。口宣《くぜん》とは文字通り、口頭での命令、官例とは神祇官例、つまり、神祇官のまとめた業務の細則のことである。

この法は制（あるいは左弁官口宣）として出され、神祇官例に記載された法であるにもかかわらず、実施されなかった。奈良麻呂の変時における、藤原仲麻呂による中臣氏に対する懐柔策とみる見解もあるが、私見は異なる。『古語拾遺』でこの制が左弁官の口宣とされる点は重要である。左弁官の誰かが発した宣であるはずだが、誰であろうか。当時の左大弁は大伴古麻呂である。天平勝宝六年（七五四）四月に任命され、天平宝字元年六月一六日の任官で陸奥鎮守将軍を兼任した。大伴古麻呂が獄死した後、七月に巨勢堺麻呂が左大弁に任命された。左中弁は粟田奈勢麻呂《あわたのなせまろ》で天平宝字元年六月の任命である。なお、その前任は中臣清麻呂であった。三年五月に大伴犬養が左中弁に任命されており、奈勢麻呂がこの時まで在任であったと思われる。左少弁は不明。

憶測だが、この口宣は大伴古麻呂の独断によるものであって、清麻呂をみずからの陣営にひきとめるための、苦し紛れといってもよい方策だったのではなかろうか。しかし、これは実を結ぶことなく、中臣清麻呂は光明皇太后・藤原仲麻呂に接近していったのである。古麻呂が独断で口宣を発したのであれば、その後、実行されないのは当然である。逆に、これが光明皇太后や藤原仲麻呂の意を受けた法であったならば、逆の意味を持つことになるが、その場合、その後に実施されないのは、やはり説明しにくいと思う。この制の政治的意義について以上のように考えておきたい。

しかし、この制は神祇官例に記載された。清麻呂やその子子老・諸魚らのしたことだろうか。みずからに有利である点を重視し、実施されるはずのない制をあえて神祇官例に記載したのではなかろうか。もしそうであるならば、それを攻撃する斎部広成の主張は正当である。

大伴家持の「族を喩す歌」

大伴家持は天平勝宝元年（七四九）以来、従五位上のままであった。天平勝宝八歳五月に大伴古慈斐《こじひ》（従四位上、出雲守）が朝廷を誹謗したことにより淡海三船《おうみのみふね》とともに左右衛士府に禁じられた。具体的な誹謗の内容などはわからない。大伴古慈斐は橘奈良麻呂の変でも逆賊にあげられており、この時期にさまざまな謀略を行ったことがわかる。大伴家持はこの時に「族を喩《さと》す歌」（巻二〇四四六五）を詠んだ。

「族を喩す歌」は『万葉集』の家持の歌のなかでも有名なものである。

ひさかたの　天の門開き　高千穂の　岳《たけ》に天降《あも》りし　すめろきの　神の御代より　は

じ弓を　手握《たにぎ》り持たし　真鹿子矢《まかごや》を　手挟《たばさ》み添へて　大久米の　ますらたけお　先に立て　靫取り負ほせ　山川を　岩根《いわね》さくみて　踏み通り　国求《ま》ぎしつつ　ちはやぶる神を言向け　まつろはぬ　人をも和《やは》し　掃き清め　仕へまつりて　蜻蛉島《あきつしま》　大和の国の　橿原《かしはら》の　畝傍《うねび》の宮に　宮柱　太《ふと》知り立てて　天の下　知らしめしける　天皇の天の日嗣《ひつぎ》と　継ぎて繰る　君の御代御代　隠さはぬ　赤き心を　皇辺《すめらへ》に　極め尽して仕へ来る　祖《おや》のつかさと　言立てて　授けたまへる　子孫《うみのこ》の　いや継ぎ継ぎに　見る人の　語り継ぎてて　聞く人の　鏡にせむを　あたらしき　清きその名そ　おぼろかに　心思ひて　空言《むなこと》も　祖の名絶つな　大伴の　氏と名に負へる　ますらをの伴

高千穂の岳に降臨した皇祖や橿原の畝傍の宮に即位した天皇（神武天皇）以来の、大伴氏と天皇の関係を高らかに歌いあげ、「おぼろかに　心思ひて　空言も　祖の名絶つな」、ぼんやりと考えてかりそめにも先祖の名を絶やすなと、一族に天皇への忠誠を求めた。大伴古麻呂は橘奈良麻呂と共謀して天皇の擁立に突進したが、大伴家持の意識は対照的であった。彼は大伴氏の過去を振りかえっていた。この歌をもって大伴氏のなかで、『古事記』や『日本書紀』の神話的な世界観や天皇への特別な感情がこの時も継続して生きていたと理解することが多いが、どうだろうか。

まず、律令体制とは氏姓《しせい》制的な秩序（特定の氏が特定の職掌を世襲的に担う分業体制）を否定した上に成立した。整然とした官司機構を作り上げ、そこにふさわしい官人を配置する体制であった。ふさわしいことの内容はいろいろとあろうが、例外を除き特定の氏が特定の職掌を担うことはない。大伴家持の時代はそのような体制の確立から半世紀ほど後である。この基本原則が浸透するに十分な時間が経過していた。

家持はなぜ、弓を手に握り持ち矢を挟み添へて、靫を背負い山でも川でも踏み通り、と軍事を担った先祖の姿を強調したのであろうか。この意志表明は時代遅れのようにも思え、家持の政治から身を引く姿勢を読み取る見解もあるが、当時、大伴氏の軍事的を専門としてきた性格が改めて想起されたことに留意しなければならない。蝦夷《えみし》戦争である。天平宝字元年（七五七）頃から蝦夷に対する強硬路線が明確になっていった。この年、大伴古麻呂が陸奥鎮守将軍・陸奥按察使、陸奥守佐伯全成が鎮守副将軍、藤原仲麻呂の子朝狩《あさかり》が陸奥守に任命された。さらに、二年後に陸奥国に桃生《ものう》城・出羽国に雄勝《おがち》城が造営された。古麻呂の任官は先に述べたように、隠された意図があったが、陸奥の体制強化の一環であった。その後、大伴益立《ますたて》が蝦夷戦争に従事し急速に昇進した。大伴家持はおそらくこのような自分たちの活躍の場を発見したのだろう。彼が蝦夷戦争を通して軍事的貴族としてのみずからの存在意義を主張し、ある程度の地位の維持が可能になると考えていたとすると、それはまったく現実性を持たない主張とはいえない。そして、結果的にその通りになった。なお、蝦夷戦争において、大伴のような軍事的伝統を有した氏族が大きな役割を果たした理由について、現在のところ、的確な解釈はなされていないと思う。

家持の境遇

橘奈良麻呂の変の時、大伴家持は兵部大輔であった。一族のなかで、大伴兄麻呂と古麻呂の位階がより上位であった。兄麻呂は天平勝宝元年（七四九）八月、紫微中台の成立にともない石川年足とともに大弼となった（同時に参議か）。大伴氏が光明皇太后や藤原仲麻呂の権力基盤である紫微中台の次官に就任したことはみのがせない。単純な藤原氏と大伴氏の対立という理解の不充分なことを明確に示す、疑うことのできない事実である。石川年足は仲麻呂を支えた有能な官人として名の知られた人物である。兄麻呂はそれと同等の地位にあった。その史料上の終見は天平勝宝三年正月で、この時、正四位上から従三位に昇進した。

橘奈良麻呂の変にともなって紫微大弼は二人とも入れ代わったらしい。まず、巨勢堺麻呂が紫微少弼から大弼に昇進した。石川年足は変で辞職した多治比広足に代わって中納言に任命された。この時に大弼を離任した可能性がある。同時に巨勢堺麻呂と紀飯麻呂が参議に任命された。巨勢堺麻呂は参議と大弼の兼官である。後に紀飯麻呂も紫微大弼とみえる。紀飯麻呂も参議就任とともに大弼となった可能性がある。これを前提に考えると、兄麻呂は橘奈良麻呂の変の際に大弼を離任したと考えざるをえない。大伴兄麻呂について失脚をうかがわせる史料がある。『公卿補任』天平勝宝八歳条に、兄麻呂について「或る本天平宝字二年謀反」との簡単な注記があり、天平宝字二年（七五八）条にも「月日謀反」とあり、翌年からは参議としての記載自体が消える。「天平宝字二年」の「謀反」事件を元年の橘奈良麻呂の変の誤りと解釈すれば、この時の失脚を想定することが可能であろう。ただし、大伴兄麻呂がこの変にどのような形で関与したか、あるいは関与自体の有無さえわからない。

大伴家持もやはり何らかの形で処分されたと思われる。家持は変後、左中弁に就任したらしいが、翌二年六月に因幡《いなば》守となって現地に赴任した。これが二度目の国守であった。また、一貫して官位の昇進がなかった。長年留めおかれた従五位上を越えたのは光仁《こうにん》天皇が即位した直後の宝亀元年（七七〇）一〇月のことであった。この間、天平宝字七年に藤原宿奈麻呂の藤原仲麻呂暗殺計画に加担した。しかし、官位の推移は異常であろう。仲麻呂に警戒された結果ともされるが、まだ説明不足の感が否定できない。

多少、まわりくどい考証になるが、この点を論じておきたい。藤原宿奈麻呂たちの処分と復権のありさまが解明の鍵である（一〇三ページ表6参照）。彼らは藤原恵美押勝《えみのおしかつ》の乱の直後に復権した。しかし、家持はこの時に単純に復権したとはいいがたい。むしろ、本格的な復権は光仁天皇即位まで遅れたと判断すべきである。天平神護元年（七六五）二月に大宰少弐《しょうに》紀広純《ひろずみ》が薩摩《さつま》守となったので、大伴家持は左降人事であった薩摩守を離任したはずである。二年後の神護景雲元年（七六七）八月に淡海三船と家持が大宰少弐に任命された（この時依然として従五位上）。次いで、宝亀元年に民部少輔《みんぶしょうふ》、左中弁《さちゅうべん》・中務大輔《なかつかさだいふ》になり、政治世界の中枢に復帰したといえ、その後、光仁天皇の即位にあたり正五位下に昇進し、翌二年に早くも従四位下となった。ここで想起されるのは、大伴家持が本格的に復権した時期に、「前後の逆党」、すなわち橘奈良麻呂の変と藤原恵美押勝の乱の関係者の免罪が進められたことである。家持の本格的な復権はこれにより実現したと理解できる。ゆえに、家持はやはり橘奈良麻呂の変で処分されたと考えるべきである。大伴家持に対してどのような名目の処分がくだされたのかも不明で、完全に失脚したのでもなさそうだが、少なくとも、「逆党」の扱いを受けたと考えられる。事実として、大伴家持が橘奈良麻呂の変に積極的に関与した形跡はなく、処分された理由も不明ではあるが。

天皇を擁立するという意識

橘奈良麻呂の変の首謀者はおそらく橘奈良麻呂・大伴古麻呂で、大伴・佐伯・多治比氏からの参加者が多かった。事件の記録に登場する範囲で確認すると、大伴氏の古麻呂・池主・兄人・古慈斐・駿河麻呂《するがまろ》、佐伯氏の大成《おおなり》・古比奈、多治比氏の犢養・礼麻呂《いやまろ》・鷹主・国人である。この陰謀はもともと橘諸兄を中心として安積親王につながる、政治的な集団を母体とした生まれたと思われるが、藤原八束・中臣清麻呂・大伴家持といった有力メンバーは参加せず、奈良麻呂のみが突進していった感が強い。

橘奈良麻呂は他氏が王を立てれば、みずからは滅亡すると考え、他氏にさきがけて王を立てようとした。この王の擁立の発想はこの時期に特有のものと思われる。以前の天皇と議政官（有力貴族）のあり方から、生まれる発想とはいえない。繰り返しになるが、天皇の存在とは相対的に独立して、最上位の門閥貴族の四氏にそれぞれ一つの議政官の席が割り当てられていた。彼ら以外で議政官に登る余地はそれほど広くはない。諸兄から始まる橘氏は新しい氏であり、そもそも、門閥貴族の集団に割り込んでいく必要があった。しかし、門閥貴族の四氏に含まれる大伴・多治比氏から多くの人物がこの陰謀に参加したことは、当時、彼らが危機の状態にあったことを示すだろう。この律令の成立を起点とする政治体制の論理は失われ、天皇を擁立する、そして、それが自分たちに特別な恩恵をもたらす、という実感が生まれてきていた。また、逆に、傍流の王たちは数も多く、系譜のうえでおおむね同じ位置にあり、この点で誰もが決め手を欠いた。天皇家の長老とされた舎人・新田部親王の子孫が有力であったが、それでも候補は複数である。彼らにとって有力貴族に擁立してもらうことが皇位への道となっていたにちがいない。つまり、天皇と有力貴族の個別的、特殊的関係そのものが政治の世界で大きな意味を持ち始めていた。橘奈良麻呂はこのような状況を感じ取っていたにちがいない。大伴氏や多治比氏は議政官を輩出する門閥貴族の地位を保てるのかどうかの岐路にあったといってよい。これがこの事件の背後にある大きな情勢であった。

奈良麻呂らの計画は未然に発覚し、大伴氏や多治比氏が打撃を受けた。この時の議政官をみてみよう。紫微内相藤原仲麻呂、中納言藤原永手・石川年足、参議紀飯麻呂・巨勢堺麻呂・藤原八束・阿倍沙弥麻呂《さみまろ》（加えて文室智努か）である。年足は紫微大弼からの昇任、飯麻呂・堺麻呂は現役の紫微大弼であった。この時の議政官はほぼ藤原仲麻呂と彼の政策スタッフというのに等しい。仲麻呂は次いで、天皇を擁立した。

藤原恵美押勝の時代

淳仁天皇の即位

天平宝字改元と即位

この年の八月、駿河《するが》国で「五月八日開下帝釈標知天皇命百年息」の文字を蚕が作り、祥瑞として奏上された。これをきっかけに天平勝宝は天平宝字と改元された。一一月、内裏で宴が行われた。この時の皇太子大炊《おおい》王と藤《ふじ》原《わら》仲麻呂《のなかまろ》の歌がある（『万葉集』巻二〇　四四八六・四四八七）。

天地を　照らす日月の　極《きわみ》なく　あるべきものを　何をか思はむ
　右一首皇太子の御歌
いざ子ども　たはわざなせそ　天地の　堅めし国ぞ　大和《やまと》島根は
　右一首内相藤原朝臣奏す

解釈の大きなポイントは「たはわざなせそ」（たわけたことをするな）である。やはり仲麻呂の強い威圧が感じられる。過剰な解釈はさけたいが、これが擁立した臣下と擁立された諸王の姿であった。

天平宝字二年（七五八）八月、孝謙天皇が譲位して皇太子大炊王が即位した。これが淳仁《じゅんにん》天皇である。孝謙《こうけん》天皇の譲位詔（宣命体）によると、その理由は在位が長くなり、荷が重く、力は弱くなり、負いもつことができなくなったこと、母（光明《こうみょう》皇太后）に子としての道理のようにつかえなければ、気持ちも平穏でないこと、であった。これを受けて、大炊王が即位した。ここからのさまざまな儀礼や恩典の賜与はすさまじい。

まず、叙位《じょい》が行われた。新天皇の兄弟船王・他田王や氷上塩焼《ひかみのしおやき》（もと塩焼王）、白壁《しらかべ》王（後の光仁《こうにん》天皇）などが対象であった。また、新天皇の母当麻山背《たいまのやましろ》も正五位上から正三位へ昇進した。この時、船・池田王はまだ王であり、母当麻山背も位階が上昇したのみであった。百官および僧綱《そうごう》が上表して光明と孝謙に尊号が奉呈された。孝謙に宝字《ほうじ》称徳孝謙皇《しょうとくこうけんこう》帝《てい》、光明に天平応真仁正皇太后《てんぴょうおうしんにんしょうこうたいごう》の号を奉上する旨の上表がなされ、新天皇の詔が出され、上表に従って尊号が奉呈され、同時に官司の名称を改めて寛大のめぐみを施すことが命じられた。さらにさまざまな恩典が施された。囚徒を放免すること、処罰され本貫の地に放還されていた人を本司にもどすこと、監臨《かんりん》する物の盗みや監臨する人からの盗み、官物の欠負・未納を免除すること、山林に隠れた清行の修行者を得度させること、祭祀に供奉する中臣・忌部《いんべ》氏に位階を与えること、大学生などに位を授けること、犯罪により追放された僧を一国分、都に近い国に移すこと、大僧都鑑真《だいそうずがんじん》に大和上《だいわじょう》の号を与え、政事《まつりごと》に煩せることのないように僧綱の任を停め、戒律を学ぶ僧尼を属させることである。さらに、勅により、内相藤原仲麻呂の功勲に報いるために「名字」を議して奏聞することを求めた。

その後、勅が出され聖武《しょうむ》天皇と草壁《くさかべ》皇子に尊号が奉呈された。聖武に、盧舎那仏《るしゃなぶつ》を造営し、天が感応して勝宝の金を出したこと、賊臣・逆徒が武威を畏れ、仁風を仰ぎ、武力を用いず、服したこと（聖武の徳）から、勝宝感神聖武皇帝《しょうほうかんしんしょうむこうてい》の号と天璽国押開豊桜《あめしるしくにおしはらきとよさくら》彦尊《ひこのみこと》の諡《おくりな》、草壁皇子に岡宮御宇天皇《おかのみやにあめのしたしらしめしすめらみこと》の号が奉呈された。

官司の改名と藤原仲麻呂の大保就任

勅を受けて藤原仲麻呂らが官司・官職の名称を改めた（表5）。さらに藤原仲麻呂を右大臣にあたる大保《だいほう》に任じた。それにあたり、勅が出された（『続日本紀』天平宝字二年八月甲子条）。

藤原大保は晨昏《しんこん》怠らず、恪勤《かくきん》にして職を守る。君に事《つか》うること忠赤《ちゅうせき》にして、務を施すに私なし。愚拙《ぐせつ》なれば則《すなわ》ちその親をも降し、賢良《けんりょう》なれば則ちその怨《おん》をも挙ぐ。逆徒を戦わず殄《ほろぼ》し、黎元《れいげん》安きことを獲たり。危基《きき》を未然に固め、聖暦《せいれき》終《つい》に長し。国家乱るることなきは略《ほぼ》かくのごとき人に由《よ》れり。

仲麻呂が職務に精勤であること、天皇に対して忠誠を尽くしてきたことから民衆の安泰、国家の安定がもたらされたと、仲麻呂の絶大な功績を評し、続いて、藤原鎌足以来の功績に言及する。

なんじの祖近江大津宮の内大臣より已来《いらい》、世に明徳ありて皇室を翼輔《よくふ》し、君十帝を経

表5　天平宝字2年の官名改訂

旧　名	新　名
太政官	乾政官
太政大臣	大師
左大臣	大傅
右大臣	大保
大納言	御史大夫
紫微中台	坤宮官
中務省	信部省
式部省	文部省
治部省	礼部省
民部省	仁部省
兵部省	武部省
刑部省	義部省
大蔵省	節部省
宮内省	智部省
弾正台	糺政台
図書寮	内史局
陰陽寮	大史局
中衛府	鎮国衛
中衛大将	大尉
中衛少将	驍騎将軍
中衛員外少将	次将
衛門府	司門衛
左右衛士府	左右勇士衛
左右兵衛府	左右虎賁衛

て年ほとんど一百、朝廷無事《ぶじ》にして海内清平《かいだいせいへい》なるをや。近江大津宮の内大臣は藤原鎌足《かまたり》のこと。それ以来一〇帝・一〇〇年の明徳や天皇家への翼輔を述べる。続いて、

これによりて論ずれば、古に准《なずら》うるに匹《たぐい》なく、汎恵の美、これより美しきはなし。今より以後、姓の中に恵美の二字を加うべし。暴を禁め強に勝ち、戈《ほこ》を止め乱を静む。故に名けて押勝という。朕の舅《しゅうと》の中、汝卿良《まこと》に尚《たか》し。故に字《あざな》して尚舅と称す。

その結果として、仲麻呂らの姓に「恵美《えみ》」の文字を加え、「押勝《おしかつ》」の名を与えた。藤原恵美押勝の誕生である。さらに、「尚舅」の字が与えられた。

いくつかの注目すべき点がある。まず、恵美は鎌足以来の藤原氏の功績をもとに、「汎恵の美」から案出された。当時の藤原氏はすべてこのような氏《うじ》の歴史を受け継ぎ、繁栄の基盤としたはずである。「恵美」の語はそのような藤原氏の栄光を意味し、それは勅の形で明らかに表明されていた。押勝は藤原仲麻呂個人に与えられた。それは仲麻呂が暴なるものを禁じて強きものに勝ち、武具の使用をとどめて乱を静める力を持ったことに由来するが、そこに浮かび上がるのは武人としての姿であろう。藤原恵美押勝の政治的な地位の根底に武の力があり、それが強く認識されたことがうかがえる。彼は強力な武力を有した

人物であった。また、藤原恵美押勝と淳仁《じゅんにん》天皇の関係は擬制的な親子であったことがわかる。「尚男」とはそれを端的に示すものであり、あるいはこの時、その関係が設定、広く承認されたのかもしれない。これによる特別待遇として封三〇〇〇戸・功田一〇〇町の賜与、鋳銭と出挙《すいこ》および恵美家の印の使用が許された。

天平宝字三年（七五九）六月に淳仁天皇の父母・兄弟の身分に関わる詔が出された。これも注目すべきものである（『続日本紀』天平宝字三年六月庚戌条）。まず、大皇太后（光明）が淳仁天皇に、父を天皇、母を大夫人と追号し、兄弟姉妹を親王とせよと命じた。そこで淳仁天皇は太上天皇（孝謙）に申上したところ、彼女からおそれおおいとして辞退すべき旨の意思が示され、淳仁自身もその通り返答した。しかし、大皇太后が再度、命じた。これを受けて、淳仁は天皇の父舎人《とねり》親王に「崇道尽敬皇帝《すどうじんきようこうてい》」、母当麻山背に大夫人の追号を贈り、兄弟姉妹を親王・内親王とした。それだけでなく、大保（藤原恵美押勝）はただの卿ではなく、「朕が父」、その妻藤原袁比良《おひら》は「母」であり、みずからの兄弟姉妹が親王・内親王になった日に、押勝夫妻の子が恩恵を受けないのはありえないとして叙位を命じ、また、藤原氏は歴代の天皇がいつくしんできた家であり、自身も忘れないとした。淳仁の兄弟船王・池田王が親王となり三品を授けられ、姉妹室《むろ》女王・飛鳥田《あすかた》女王が同じく内親王となり、四品を授けられた。藤原氏の真楯《またて》・巨勢麻呂《こせまろ》・御楯《みたて》・魚名《うおな》・雄田麻呂《おだまろ》（後に百川）、押勝の子藤原恵美真先《まさき》・久須《くす》（訓儒）麻呂《まろ》・朝狩《あさかり》・小弓《こゆみ》（小湯）麻呂《まろ》・薩《さつ》（刷）雄《お》・児従《こより》が叙位された。彼ら以外に叙位の対象となった人物もいたが、この時の叙位が藤原氏を中心とすることは疑いない。

藤原恵美氏の意味

以上の過程を経て天皇の実際の近親と等しい一族が誕生した。それが藤原恵美氏であった。藤原氏のなかから押勝の一族が析出され、新たな氏として誕生したのである。藤原恵美とは鎌足以来の藤原氏の功績とともに淳仁天皇の近親の地位の表象であった。藤原恵美氏は押勝のほか、その子、すなわち、男子真先・久須麻呂・朝狩・小弓麻呂・薩雄・辛加知《からかち》・執棹《とりさお》と、女子児従・東子・額《ひたい》であった。児従は藤原御楯（房前《ふささき》の子）の妻であったことがわかるが、ほかの女子二人ついて判明することはほとんどない。御楯は仲麻呂を支える重要な官人の一人であった。

「藤原恵美」賜姓が藤原氏のなかに序列を持ち込み、藤原氏のほかの人物の反感を買い、滅亡の原因となったという見解がある。仲麻呂の行為は後の摂関政治と同じく外戚による政治を目指したが、藤原恵美賜姓のように、藤原氏の族的結合を破壊する方向に走ったために安定した政治体制を作り上げることができなかったと推測された（薗田香融「恵美家子女伝考」)。藤原恵美押勝の一族の処遇は単に擬制的な父子関係にのみ基づくわけではない。常に強調されたのは押勝自身の功績であり、歴代の藤原氏の仕奉であった。しかし、恵美は藤原氏全体でなく、押勝の一族のみに賜与された。その名称に着目すると、鎌足以来の功績が押勝の一族のみ継承されたといえるかもしれない。

慶雲四年(七〇七)四月、藤原不比等《ふひと》の時代、死期が近づいていた文武《もんむ》天皇は詔を出して不比等に封戸《ふこ》を与えた。そこに、不比等の功績を述べて、さらに孝徳《こうとく》天皇に対する藤原鎌足の仕奉を臣下の理想像建内宿禰《たけしうちのすくね》と同じとする評価を示していた。鎌足以来の功績が顕彰された先行事例であるが、この段階で、藤原氏とは不比等およびその四子ら、つまり不比等の一族にほかならず、彼ら全体が鎌足の功績を引き継ぐ存在であった。もともと藤原氏が誕生した時、鎌足の子孫以外の親族が含まれていたが、文武二年(六九八)八月に不比等のみが藤原氏を継承し、それ以外は神祇に関わるとの理由で旧姓中臣《なかとみ》氏にもどされた。これは直接には文武天皇の大嘗祭に向けての処置であるが、同時に文武天皇の母系氏族の範囲を限定する意味をも有した。その標章が藤原の氏の名であった。天皇の母系氏族の地位は重く、大きくふくらむのは、処遇の点からも避けるべきであっただろう。

これは藤原恵美押勝の世代より二世代前であり、その後、藤原氏自身が大きく成長し、規模が異なる段階に達していた。鎌足以来の功績を押勝のみが引き継ぎ、ことさらに「恵美」を名乗るのはやはり正当性を欠く行為であっただろう。他の藤原氏との政治的な対立を生み出したであろうことは容易に想像することができる。しかしながら、淳仁天皇のケースで、藤原氏のなかで押勝の一族のみが天皇の近親としての特別待遇を与えられたのはそれなりに正当であったはずである。藤原氏全体に特別待遇を拡大することはできない。結局、これは正答のない問題であった。光明大皇太后の存在は藤原氏内部でも重い。彼女はかつての皇后であったばかりでなく、藤原氏のなかで、おそらく生存する唯一の不比等の子であり、押勝ら当時の藤原氏の有力人物より一世代上であった。藤原氏内で対立を含みながらも、藤原氏の栄光を独占する押勝の突出した地位が生まれた背景に、光明大皇太后の支持があったことはまちがいない。

淳仁天皇の即位にあたり、彼を取り囲む三つの群の顕彰が大規模に実施されたことがわかる。まず、第一に前段階の天皇家にあたる聖武および光明、孝謙である。淳仁自身はこの一族に属さなかったが、彼らの正統な後継者でなければならなかった。第二に、両親および兄弟姉妹である。これは淳仁の近親たちである。第三に、擬制的な父である藤原恵美押勝とその一族および藤原氏である。押勝の一族の処遇は第二の群と同等でなければならなかった。淳仁天皇の即位は傍流王家への皇位継承であったが、その権威は前段階の天皇家によって付与され、さらに鎌足以来の藤原氏の功績が流れ込んだ。

淳仁天皇の行動が光明大皇太后と孝謙太上天皇の同意のもとに進行したことが注目される。淳仁天皇自身の近親に関わる事項である点は考慮する必要があり、そのためにこのようないわば演出が行われたと思われるが、やはり淳仁自身に大きな権力が備わっていたとは考えにくい。

藤原恵美押勝の権力

天皇家の家政と大保押勝

光明大皇太后は聖武天皇の譲位以来、その機能を代行してきたが、淳仁天皇即位にともない引退したらしい。その後は法華寺《ほっけじ》阿弥陀《あみだ》浄土院《じょうどいん》建立に向かったのであろう。ただし、紫微《しび》中台《ちゅうだい》は坤宮官《こんぐうかん》と改称されたが存続した。引き続き家政に関わる決裁権は彼女にあったと思われる。孝謙太上天皇が代わって天皇の補佐を行った。この段階で、藤原恵美押勝は官職上、右大臣にすぎなかったが、その地位は多面的に解明される必要がある。淳仁天皇の即位は天武《てんむ》・持統《じとう》以来の天皇家の交代を意味した。この状況で政治の安定をもたらす中心をどこに求めればよいのか。実質的にその任を担ったのが藤原恵美押勝でなかっただろうか。当時の政治体制のなかで、こ

図５　法華寺阿弥陀浄土院跡（奈良市）

こまでの、光明皇太后のもとでの彼の政治経験は貴重であった。

藤原恵美押勝はこれ以降、坤宮官を離れ、坤宮官も皇太后に関わる事項を行うのみになったとする見解がある。いっぽうで、次の史料などに着目し、当初、押勝が事実上の坤宮官の長官で、長官欠員のままで継続したが、やがて疎遠になっていったとする見解もある。

天平宝字二年（七五八）一〇月一日藤原公真跡《しんせき》屏風帳（署名部分）

太保従二位兼行鎮国太尉藤原
恵美　朝臣
参議従三位行武部卿兼坤宮大
弼侍従下総守巨勢朝臣　関麿

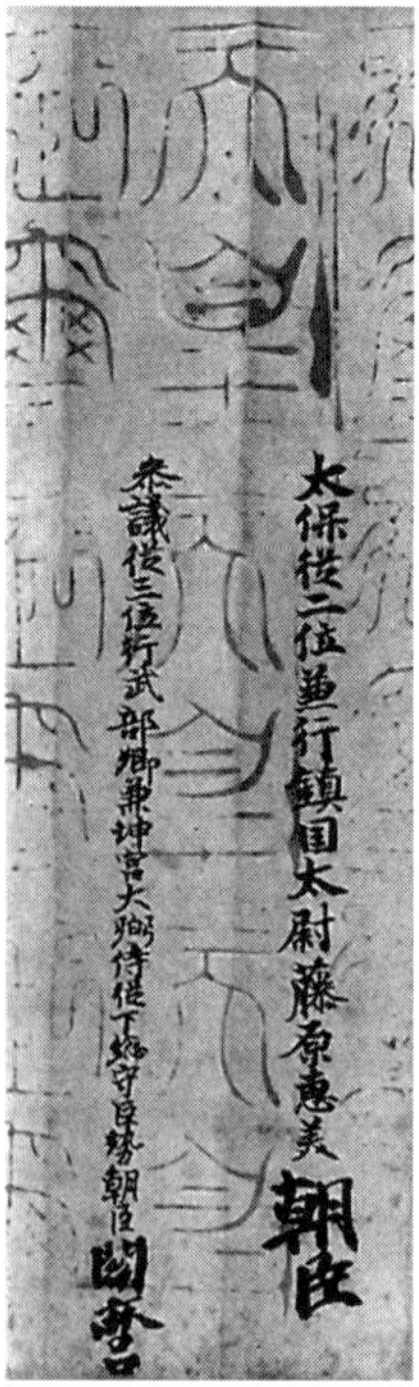

図6　藤原公真跡屏風帳（署名部分，正倉院宝物）

この文書は東大寺献物帳の一点、時期は坤宮官成立直後。署名の前に短文であるが、光明大皇太后の願文がある。さかのぼって直前の例が次である。

天平宝字二年七月四日紫微内相宣（『大日本古文書（編年文書）』四巻二七四ページ）

千手千眼経千巻

新羂索経十部二百八十巻

薬師経百廿巻

料紙六千五百張（略）

右内相の宣を奉わるに　造東大寺司主典安都雄足に仰せて写し奉らしむべし、てえり。謹んで宣を奉わること件の如し

天平宝字二年七月四日紫微少疏池原君　粟守

藤原公真跡屛風帳では、光明大皇太后の意志を大保藤原恵美押勝と坤宮大弼巨勢関麻呂が奉じた。名を欠くが、大保の「藤原恵美朝臣」とは押勝であり、朝臣の部分が自署である。紫微内相宣は東大寺写経所に合計三六〇〇巻もの写経を命じたものであるが、紫微内相の宣を紫微少疏《しょうそ》池原粟守《いけはらのあわもり》が書き留め、東大寺写経所に発給した。この写経もおそらく発願したのは光明大皇太后で、それを藤原恵美押勝が伝えたのである。藤原恵美押勝が坤宮官と関連を有したことは明らかであり、また、それは紫微中台の時代とほとんど変わりはない。藤原恵美押勝は坤宮官の長官であったとしか考えられない。この段階でも、天皇家の家産管理は、以前と何ら変わらない体制で行なわれていた。藤原恵美押勝が太政官《だじょうかん》議政官《ぎせいかん》のなかで昇進していっただけである。なお、天皇の交代にもかかわらず、光明大皇太后のもとに最終的な処分権が存在する点にも変化はない。

天皇家の家政と大師押勝

藤原恵美押勝が大師（太政大臣）に就任した直後の天平宝字四年（七六〇）二月から東大寺写経所で行われた、いわゆる坤宮御願一切経の書写は、その名のとおり光明発願で、坤宮官も大きく関与した写経事業である。一切経とはすべての経典の意味で、しばしばすべての経典の一括した写経が行われた。全巻数は優に五千巻を越えた。この写経事業に関わる次の史料をみてみよう（『大日本古文書（編年文書）』一四巻三〇八ページ）。

写一切経料の紙筆墨および雑物、勘注して申送せよ。太師の宣

天平宝字四年二月十日

坤宮大疏高丘比良麻呂　奉ず

写経の必要物を支給する主旨の大師の宣が坤宮大疏の高丘比良麻呂《たかおかのひらまろ》により奉じられた。そもそもこの事業は大師宣、つまり、藤原恵美押勝の宣により開始され、実際の書写作業も大師宣によって始まった。天平宝字二年段階の紫微内相宣と比較して、紫微少疏池原粟守と坤宮大疏高丘比良麻呂の立場はまったく同じである。押勝と坤宮官の関係に紫微中台の時期からの大きな変化を認めることはできない。押勝は天平宝字四年六月七日の光明死去まで、坤宮官の長官の地位にあり王家家産に関与したと理解すべきである。

以上のように、天平勝宝元年（七四九）の聖武天皇の出家・譲位、孝謙天皇の即位、紫微中台の設置以来、孝謙の譲位、淳仁天皇の即位、紫微中台の坤宮官への展開を経て、光明大皇太后の死去まで、天皇家の家産の管理体制は一貫していた。最終的な処分権は常に光明にあり、仲麻呂（押勝）が紫微中台・坤宮官の長官の地位にあり、大納言・紫微内相・太保・太師と太政官議政官を兼任しつつ、光明の意思を実行するという形態である。

押勝と衛府

藤原恵美押勝と軍事の関係も無視することはできない。彼自身が中衛大将であった。天平勝宝元年（七四九）から死亡まで一貫して中衛大将の任にあった。この間、天平宝字二年（七五八）八月の官名改正にともない、大将（大尉）・少将（驍騎将軍）の相当位が引き上げられ、員外少将が次将として正員化された。中衛府の地位が向上した。

大将に次ぐのが少将であるが、次のような人物が就任したことに注目すべきである。

・背奈《せな》（高麗《こまの》）福信《ふくしん》　少将の就任時期は不明。紫微中台の成立とともに紫微少弼。翌年に高麗朝臣を賜姓された。橘 奈良麻呂《たちばなのならまろ》の変の時、道祖王《ふなど》の邸宅を囲むなどした。

・佐伯毛人《さえきのえみし》　天平勝宝八歳一二月、少将在任。これ以前の紫微中台の成立とともに紫微大忠。天平宝字元年七月、大炊王の東宮大夫《とうぐうだいふ》であった。

・上 道斐太都《かみつみちのひたつ》（正道）　橘奈良麻呂の変を密告（この時、中衛舎人）、天平宝字元年七月にその功により少将となった。おそらく、佐伯毛人の後任。

・藤原恵美真先　天平宝字六年正月に鎮国衛驍騎将軍に在任、参議となった。押勝の子。いずれも仲麻呂（押勝）に近い人物であり、ここからの仲麻呂の影響力をうかがうことができる。

また、天平宝字五年正月、藤原御楯が授刀督《たちはきのかみ》とみえる。授刀衛は天平宝字三年一二月に設置された新しい衛府で、授刀舎人を管轄した。後に近衛府となった。藤原御楯は房前の子で、藤原恵美押勝の子児従を室とした。五年八月に孝謙太上天皇と淳仁天皇は薬師寺に行幸し、帰路に藤原御楯の第に行幸し宴を催した。御楯・児従ともに叙位された。一〇月、孝謙・淳仁ともに保良《ほら》宮にいたが、御楯の第に行幸し、その後、藤原恵美押勝の第へ向かい、宴を催した。御楯・押勝の二人の第はおそらく保良宮の近くにあったものであろう。藤原御楯は藤原恵美押勝を支えた有力人物の一人であった。天平宝字八年六月に死去したが、この時も授刀督であった。天平宝字五年一〇月に、藤原恵美辛加知が左虎賁衛督となり、八年正月に、藤原恵美薩雄が右虎賁率となった。どちらも押勝の子である。彼らより先に紫微大忠の賀茂角足が左兵衛率・左右馬監であったが、橘奈良麻呂の変で拷問死した。橘奈良麻呂の変の直前に石川年足《いしかわとしたり》が兵部卿となり、その後、中納言へ昇任し、次は紫微大弼巨勢関麻呂《こせのせきまろ》が兵部卿が兼任した。兵部省は武官の人事を担当した。

紫微内相と軍事のあいまいな関係について先に論じたが、それを除いても、藤原恵美押勝が軍事を掌握したことは事実である。それが権勢の基盤の一つであった。その後、彼は都督四畿内・三関・近江・丹波・播磨等国習兵事使となり、国ごとの兵をみずからのもとに集めようとしたが、これが押勝の反乱のきっかけとなった。

押勝と養老律令

藤原仲麻呂は養老律令を施行して祖父不比等の顕彰をはかったが、自身もこの律令に深く関わった。彼の聡明さを示すことがらであり、機をみるに敏な政治的資質だけでなく、優秀な官僚としての資質も有したと思われる。全盛期の仲麻呂の仕事ぶりは、全体を知ることはできないが、すさまじかったにちがいない。新令施行の四ヵ月後、天平宝字元年（七五七）九月に宮内で新令の講書が行われた。これは単なる講義とは異なり、法および法解釈の治定作業でもあった。講師は明法博士《みようぼうはかせ》の山田白金《やまだのしろがね》。藤原仲麻呂もこれに参加し、積極的に法解釈などに関わった。

『令集解』は律令の研究に不可欠の史料である。惟宗直本《これむねのなおもと》が『令義解』を含む多くの令の注釈書を集成した書で、大宝令の注釈書である「古記《こき》」をはじめとして、多くの法律専門家の注釈を収録する。そのなかに、「新令私記」と称される注釈書の引用があり、これがこの講書に参加した何者かが著した記録と考えられる。「新令私記」が言及するのは令の多くの条文におよび、講書は令全体を対象としたと考えられる。

「新令私記」のなかに、「内相宣」「内相定」と記した部分がある。内相はいうまでもなく紫微内相の仲麻呂のこと。在任時期は天平宝字元年五月から二年八月までで、ちょうど新令の講書の時期を含む。また、引用された注釈書の一つ「令釈」が「内相宣」を引用するケースもあり、これも同じことであろう。

一例をあげよう（『令集解』職員令2太政官条）。

> 諸国朝集《ちょうしゅう》　式部省・散《さん》位《に》寮《りょう》・兵部省　皆朝集を掌《つかさど》る。いまだ知らず。その掌ることいかん。答う。弁官・式部・兵部　並びに雑政并びに考選《こうせん》等を申さんがため掌るなり。唯　散位寮　上日《じょうじつ》を点ぜんがため掌るなり。しかるにそれ上日は式部点検し、官に申し、外印《げいん》を請い国に下すなり。内相定む。

諸国の朝集に関する法の解釈で、令の規定で太政官の弁官に加えて式部省・散位寮・兵部省が朝集を職掌としたが、その具体的な職務内容を定めた記述である。弁官・式部省・兵部省は雑政と考選を申上するので諸国の朝集に関わり、散位寮は上日を点検するので関わるという解釈が定められた。これに「内相定」と注記される。紫微内相藤原仲麻呂自身がこの解釈を定めたのである。もちろん、より具体的に、仲麻呂はただ専門家の解釈を確認した程度なのか、実際に解釈の是非を判断をしたのか、いくつかの想定が可能であるが、どのようなことを行ったのかはわからない。にわかに藤原仲麻呂が豊かな法律知識を有したとは断定できないが、その可能性はある。

光明大皇太后の死

押勝の大師就任

天平宝字三年（七五九）頃から天候不順となり、伝染病が流行するようになり、以後、社会の動揺が続いた。四年六月に光明大皇太后が死去し、この前後に政治の変化が生じた。まず、この年の正月に藤原恵美押勝が大師《だいし》（太政大臣）に昇任した。この時、従二位から従一位へ昇進し、孝謙太上天皇が大師任命の口勅（宣命体）を出した（『続日本紀』天平宝字四年正月丙寅条）。

乾政《けんじょうかん》官大臣には敢《あえ》て仕え奉べき人無き時は空しく置きて在る官にあり。然るに今大保は必ず仕え奉るべしと念《おもほ》しませ　多《あまた》たの遍《たび》重ねて勅りたまえども　敢ふましじと為て辞《いな》び申し　復　受け賜わるべき物なりせば　祖父仕え奉りてまし。然《しか》有る物を知

れることも無く　怯《つたな》く劣《おじな》き押勝が仕え奉るべき官には在らず　恐《かしこ》しと申す。かく申すを皆人にしも辞と申すに依りて此の官をば授け給《たま》わずと知らしむる事えず。又祖父大臣の明く浄き心を以て御世累《かさ》ねて天下申し給い　朝廷《みかど》助け仕え奉りたぶ事をうむがしみ　辱《かたじけな》しと念し行して　挂《かけま》くも畏《かしこ》き聖の天皇が朝　太政大臣として仕え奉れと勅たまいけれど　数数辞び申たぶに依りて受け賜わりたばず成りにし事も悔《くや》しと念すが故に　今此の藤原恵美朝臣の大保を
大師の官に仕え奉と授け賜う

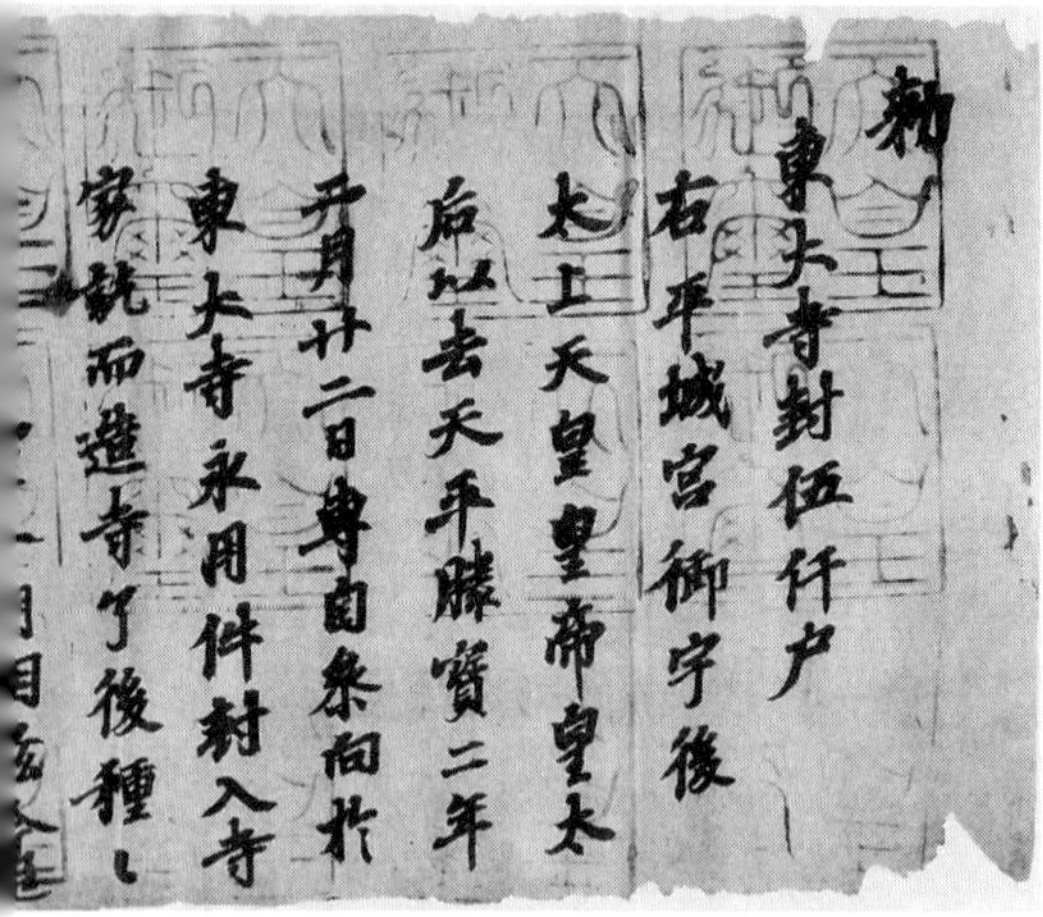
勅
東大寺封伍仟戸
右平城宮御宇後
太上天皇皇帝皇太
后以去天平勝寶二年
二月廿二日專自参向於
東大寺永用件封入寺
家就而遣寺了後種々

図7　東大寺封戸処分勅書（正倉院宝物）

孝謙太上天皇は藤原恵美押勝が大師にふさわしいことを述べるだけでなく、押勝が「祖父大臣」（藤原不比等）が就任しなかったことを根拠に辞退したことに対して、孝謙はそれが悔しいと返して、大師への任命を明らかにした。太上天皇の口勅による任官は特殊な事例である。これは孝謙の有する機能が藤原恵美押勝に継承されたことを意味するだろう。

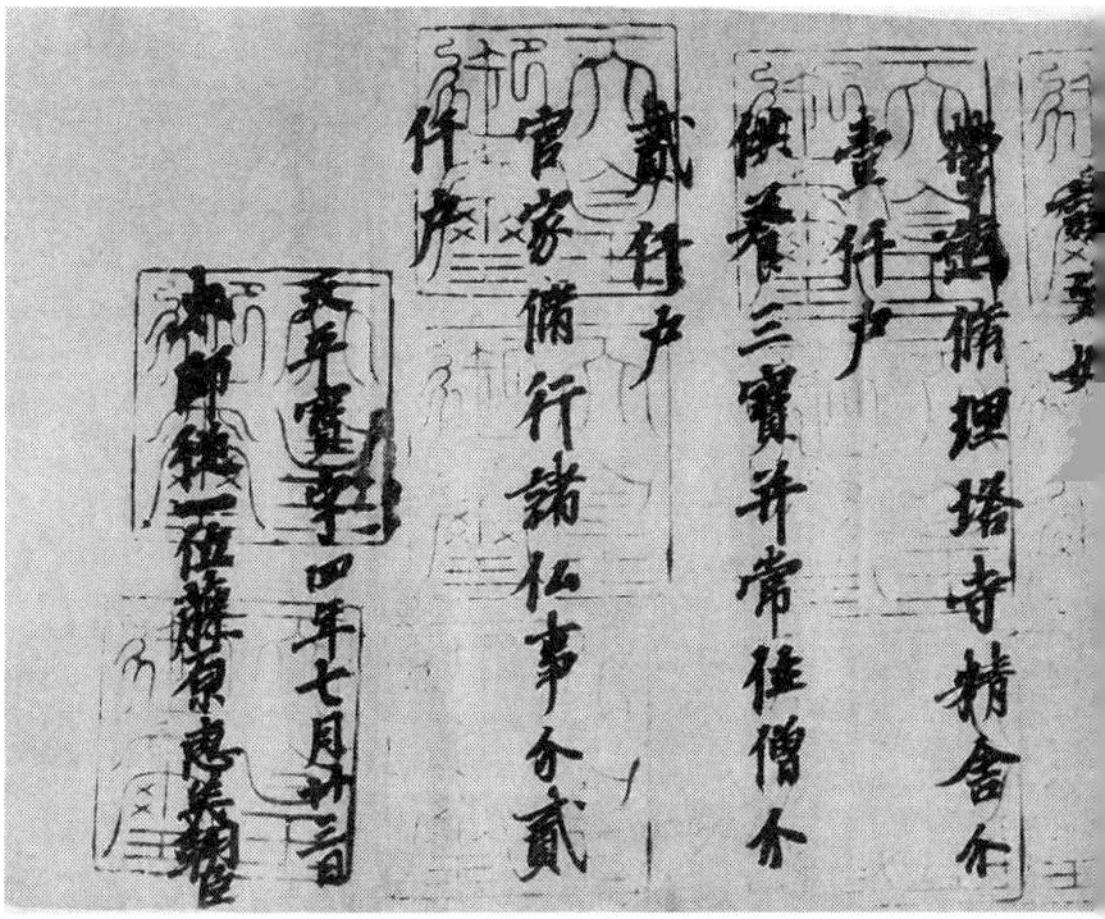
營造修理塔寺精舎分
壹仟戸
供養三寶并常住僧分
貳仟戸
官家修行諸仏事分貳
仟戸
天平寶字四年七月廿三日
大師従一位藤原恵美朝臣

太上天皇の天皇補佐の機能が委譲され、それが制度として太師任命の形式がとられたとみられる。その意味で、この太政大臣とは太上天皇と同等の地位であり、前例をさがすと、七世紀後半の太政大臣より、八世紀前半の知太政官事に近い。孝謙太上天皇自身はこの段階で、原則として政治的な事項から離れたと思われる。

ただし、淳仁天皇にとって藤原恵美押勝は擬制的な父であった。押勝はこの時、五五歳、淳仁は二八歳。後の幼帝に対する摂政のような状況とは異なるが、押勝の影響力が強大であったことはまちがいなかろう。それを如実に示すのが天平宝字四年七月二三日勅（『大日本古文書（編年文書）』四巻四二六ページ）である。これは東大寺の封五〇〇〇戸について用途を確定したものである。冒頭に「勅」とあり、この文書がまぎれもなく勅であることがわかる。内容は五〇〇〇戸の用途を営造《えいぞう》修《しゅう》理《り》塔《とう》寺《じ》精舎《しょうじゃ》分（堂塔の修理費用）、供養三宝《くようさんぼう》并《ならびに》常住僧《じょうじゅうそう》分（僧などの供養の費用）、官《かん》家《け》修行《しゅぎょう》諸仏事《しょぶつじ》分（天皇家のための仏事の費用）に分け、それぞれの戸数をあてることである。全文が一筆で書かれ、署名は「太師従一位藤原恵美朝臣」のみである。もちろん、これは藤原恵美押勝のことで、その自筆の文書である。押勝がみずから記した文書が勅なのである。勅施入した東大寺の封戸に関わる事項であることを考慮する必要があり、ただちに、押勝があらゆる領域でこのような勅を発するのが通例であったと考えることは早計であろう。これは天皇家の家産管理の一端なであり、そのまま、押勝が統治権を有したと判断するのには慎重であらねばならない。

天皇家の家産管理の変化

光明の死去により坤宮官は廃止された。王家家産の管理方法は変わらざるをえない。勅旨所が坤宮官から家産管理の役割を引き継いだと考えられる。この時、家産の管理権は孝謙太上天皇・淳仁天皇のどちらが有していたか。

天平宝字六年（七六二）三月から、保良宮近くの石山寺の改修現場において孝謙太上天皇の勅による鏡の鋳造が行われた。正倉院文書のいわゆる石山寺造営関係文書のなかに関係文書が存在する。鋳造を命じる勅を奉じたのは因八麻《いなはちま》命婦《みょうぶ》（中村）で、それが造石山《ぞういしやま》寺所《てらしょ》（改修を担当した造東大寺司《ぞうとうだいじし》管下の官司）に伝達され、物資の多くは勅旨員外大輔粟田《あわたの》道麻呂《みちまろ》のもとから供給された。道麻呂の勤務したのは勅旨省《ちょくししょう》の一機関と推定される。詳しい所在地はわからないが、石山に近く、流通経済の発達した勢多《せた》（瀬田）にあったと推定される。

なお、この鏡の背面の絵を描くために上楯麻呂《かみのたてまろ》という画師《えし》が石山寺へ派遣された。そして、実際に下絵を描いた。採用されなかった下絵と推定されるのが正倉院文書として現存する「鏡背下絵」二点である。

勅旨省が基本的に孝謙太上天皇の勅を奉じる機関であることから、彼女が家産の管理権を掌握していたとみられる。光明大皇太后の死後、孝謙太上天皇の管理のもとで、勅旨省が天皇家の家産を担当する体制が浮かび上がってくる。しかし、少し留意しておかなければならないことがある。次のような二つの事例が気になる。

天平宝字六年一二月、正倉院北倉の宝物類のうちの欧陽詢《おうようじゅん》真跡の屏風（一具一二扇）が出給（貸出）された。行き先は道鏡禅師《どうきょうぜんじ》の居所である。使者となったのは内匠頭《たくみのかみ》高麗福信と左虎賁衛督藤原太麻呂《たまろ》の二人で、上の勅鏡の事例と同じく、因八麻命婦（中村）の宣を受けていた（双倉北雑物出用帳―正倉院北倉の出納を記録した文書、『大日本古文書（編年文

図８　鏡背下絵（正倉院宝物）

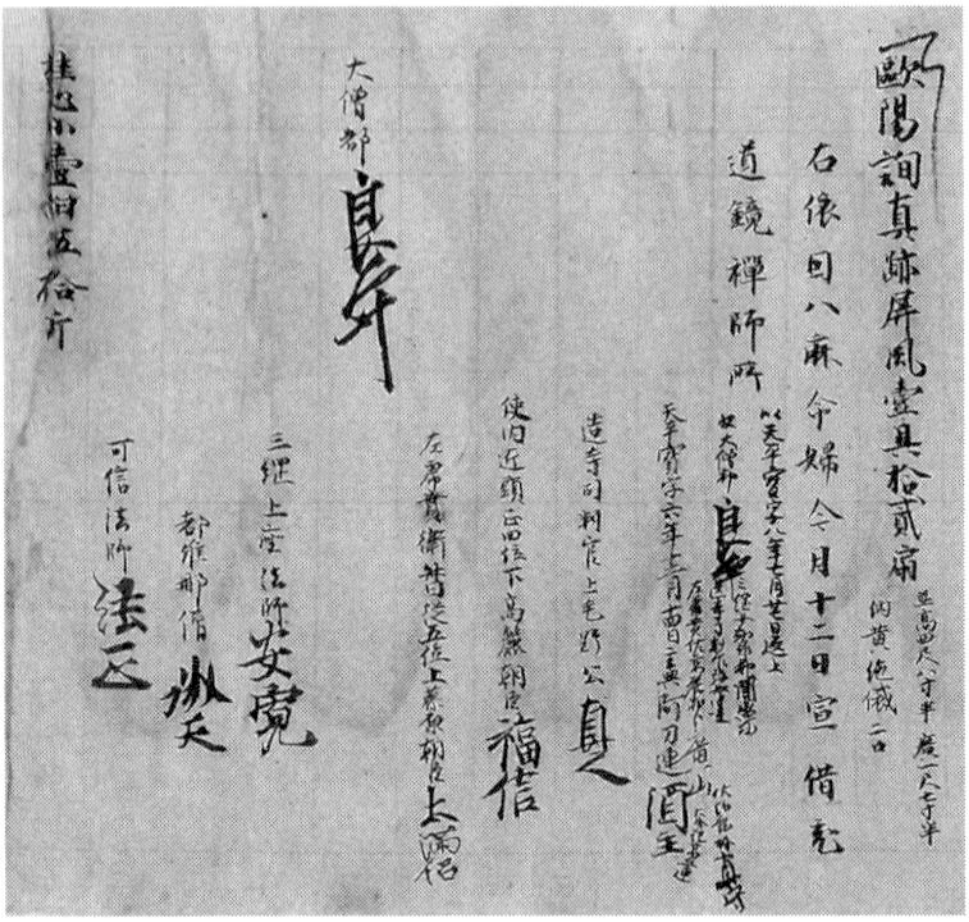

歐陽詢真跡屏風壹具拾貳扇

右依因八麻呂令婦今月十二日宣借充

道鏡禅師所

大僧都

図９　双倉北雑物出用帳（部分，正倉院宝物）

書）』四巻一九二ページ）。内匠寮は天皇の近辺などで使用するさまざまな物品を制作する家産的な官司である。因八麻命婦の宣はやはり孝謙太上天皇の勅を伝えるものと思われる。貸出先が道鏡であるのも自然に理解できる。高麗福信が内匠頭であることからして、内匠寮に関わり、福信と孝謙太上天皇に近侍する因八麻命婦によって出給手続が進められたとみてよかろう。次に、天平宝字八年七月、興福寺の施薬院《せやくいん》が桂心《けいしん》の出給を求めた。施薬院の知院事であった高丘枚麻呂《たかおかのひらまろ》が文書を作成し、蚊屋采女《かやうねめ》を通して孝謙太上天皇の勅を得て、それを蚊屋采女の宣の形で文書の奥に書き留めた。そして、東大寺に向かい桂心を出給した（天平宝字八年七月二五日施薬院解、『大日本古文書（編年文書）』一六巻五〇四ページ）。

これらの事例は当時、施薬院・内匠寮といった王家に近い官司がそれぞれ直接に、孝謙太上天皇の周辺の人物とつながり、正倉院北倉の物品を出納したことを示す。そして、それは同時に、勅旨省が大きな権限を持ち、中枢機関として存在していなかったことを表わす。成立当初の勅旨省は充分な規模・能力を持っていなかったのではないか。いずれにせよ、勅旨所（省）は孝謙太上天皇に属し、施薬院・内匠寮といった官司も孝謙の許可のもとに正倉院北倉の物品を出納していた。これは家産の管理権が孝謙太上天皇にあったことを明らかに示す。

孝謙太上天皇と淳仁天皇

淳仁天皇の治世における藤原恵美押勝の地位は鎌足・不比等以来の藤原氏の発展の帰結であり、後の摂関政治につながる天皇家と藤原氏の結合の原型であったといえる。この時期が藤原恵美押勝の全盛期だが、長くは続かなかった。天平宝字六年（七六二）五月、孝謙太上天皇と淳仁天皇は行幸先の保良宮から平城宮にもどってきたが、保良宮において両者の間に決定的な対立が生じており、孝謙は法華寺を、淳仁は平城宮の中宮《ちゅうぐう》院を居所とした。次に述べる六月三日の孝謙太上天皇の詔（『続日本紀』）に、淳仁天皇に従う態度がなく、仇敵に対するような言葉をいい、してはならないこともしたとあるように、淳仁が孝謙を攻撃するような言動をしたようである。また、『続日本紀』の道鏡伝に保良宮行幸以後、道鏡は看病により孝謙の寵幸《ちょうこう》を得て、淳仁天皇が常に発言をなし、両者の間が悪くなったとあるので、道鏡に関わる事項であったことがわかる（『続日本紀』宝亀三年〈七七二〉四月七日条）。

天平宝字六年六月三日の孝謙太上天皇の詔（宣命体）は当時の政治において決定的な意義を持った。

朕が御祖太皇后《みおやおおきさき》の御命《おおみこと》以て朕に告《の》りたまいしに　岡宮に御宇《あめのしたしらしめ》しし天皇の日継《ひつぎ》はかくて絶なんとす。女子の継には在れども嗣がしめんと宣《の》りたまいて　此の政《まつりごと》行い給いき。かくして今の帝と立ててすまいくる間に　うやうやしく相従う事はなくして　とひとの仇《あだ》の在る言《こと》のごとく　言うましじき辞《こと》も言いぬ。すましじき行《わざ》もしぬ。凡《およ》そかくいわるるべき朕には在らず。別宮に御坐坐《おおましま》さん時　しかえ言めや。此は朕が劣《おじな》きに依りてしかく言うらしと念《おも》し召せば　愧《はずか》しみ　いとおしみなも念す。又一つには朕が菩提心発《おこ》すべき縁に在るらしとなも念す。是を以て出家して仏の弟子となりぬ。但し政事《まつりごと》は常の祀り・小事は今の帝行い給え。国家の大事・賞罰二つの柄《もと》は朕行わん。

孝謙太上天皇は「今の帝」（淳仁天皇）との対立を率直に述べた後、出家して俗世間から離れることを表明したが、淳仁の権限を祭祀と小事に限定し、大事・賞罰をみずから掌握することを宣言し、淳仁天皇から権力を回収しようとしたのであった。実質的な権力の移動であるが、あまり混乱した状況はみえない。異論なく受け入れられたようである。

権力のありか

ここで大きな問題は、第一に、なぜこのような孝謙の行動が承認されたのかであり、第二に実際に権力は淳仁天皇（あるいは藤原恵美押勝）から孝謙太上天皇へ移動したのかである。

まず、第一の問いについて。詔に孝謙自身が天皇として政治を行い、大炊王を「帝と立てすまいくる」と、擁立したことが強調される。このことはおそらく当時の共通認識であろう。その彼女が権力の回収を求めたのである。さらに、同時に出家すると宣言したこともやはり意味があったと思われる。孝謙太上天皇自身が仏教の守護を背景に、主体的に政治を主導しようとしたのであろう。出家が実権を掌握することの根拠となっていたといえる。それは先に述べた父聖武天皇の作り上げた新しい皇位継承の原則に沿った方向であった。繰り返すと、天皇は仏教の諸神によって承認され、初めてその地位の正統性が付与されるとする論理である。

筆者はやはり、孝謙太上天皇がこの時、出家して仏教の守護を背景に事態に臨んだことが重要であったと考える。仏教による国家鎮護の思想は当時の政治状況を考えるうえで、常に留意されなければならない事項である。憶測であるが、ここで具体的に想起されたのは、出家した聖武太上天皇が孝謙天皇を主導して政治を行うような体制（実際は聖武の病気のためにそうはならなかったが）でなかったか。つまり、実現しようとしたのは出家した太上天皇と俗人の天皇の組み合わせでなかっただろうか。天皇は俗人であるべきで、仏教に対して外護者の地位に留まる。このような天皇の性格と仏教による守護とを適合させる一つの方策が、このような太上天皇（出家者）と天皇（俗人）の共同統治であったと思われる。

第二の問いについて。政治のあり方がこれによってどう変わったかはみえにくい。藤原恵美押勝の乱の段階で、鈴印（駅鈴と内印）が淳仁天皇のもとにあったことから、実権は淳仁天皇にあったとする見解があり、また、太政官議政官の起用、叙位・任官のありさまなどからの同様の指摘もある（木本好信『藤原仲麻呂』）。これらの考察による限り、大きな政治的変動はなかったと理解すべきかもしれない。

しかし、光明大皇太后の死去以来、天皇家の家産を管理したのは孝謙太上天皇であった。それはすなわち、天皇家の実質的な長の地位にほかならない。天平宝字六年（七六二）一一月に東大寺写経所において、孝謙太上天皇の発願によると思われる十二灌頂経一二部の書写が行われた。この書写事業の布施は道鏡の宣により、東大寺の封戸の内の「官家功徳分」から支出された。官家功徳分とは前述のように、藤原恵美押勝によって、「官家修行諸仏事分」に充てられた東大寺の封二〇〇〇戸のことである。道鏡は孝謙太上天皇の意志を受けて、このような処置を実行したと思われる。先の押勝自筆の勅（押勝が家産の処分を行う）のケースとこの孝謙太上天皇の意志を道鏡が実行するケースを比較すると、少なくとも天皇家の家政の領域における変化はきわめて顕著であり、それは天平宝字六年六月の詔以前からである。天平宝字六年八月、中宮院に居住する淳仁天皇の勅旨を伝えるために、藤原恵美訓儒麻呂《くずまろ》・中臣清麻呂・上道正道・佐味伊与麻呂《さみのいよまろ》が派遣された。彼らの職務は淳仁天皇の意志を太政官以下の官僚機構に伝えることであったと思われるが、なぜそのような装置が必要だったのだろうか。淳仁天皇にその意志を伝達・施行させる充分な機構が備わっていなかったためであろう。天皇であるにもかかわらず。

天平宝字六年頃から、六月の詔をはさんで、徐々に政治の重心が孝謙太上天皇に移っていったのは事実であろう。そして、孝謙が獲得した政治的な地位と重なったのは恵美押勝のそれであった。人格的な関係の悪化はあったにしろ、孝謙太上天皇は必ずしも淳仁天皇の地位を問題としなかったと思われる。

藤原宿奈麻呂の陰謀

藤原宿奈麻呂《すくなまろ》（宝亀元年〈七七〇〉に改名して良継《よしつぐ》）は佐伯今毛人《いまえみし》・大伴家持《おおとものやかもち》・石上宅嗣《いそのかみのやかつぐ》とともに藤原恵美押勝の暗殺を計画した。宿奈麻呂は藤原宇合《うまかい》の子、兄藤原広嗣《ひろつぐ》の乱に連座していったん流罪《るざい》となったが、赦されて政治世界に復帰していた。この事件は天平宝字七年（七六三）四月に起こったと考えられる。

この時、四人は官職を解かれ、後任が任命され、翌八年正月に宿奈麻呂を除く三名の左降人事が行われた（表6）。宿奈麻呂は計画は自身のみの陰謀であると主張し、大不敬として「除姓奪位」（『続日本紀』宝亀八年〈七七七〉九月丙寅条良継伝）された。これら四人は最上級の官職にあったわけではないが、仲麻呂の地位が不安定化したことが推定される。特に藤原宿奈麻呂が中心となったことは注目される。やはり光明大皇太后の死後、情勢が変化してきたのであろう。光明のもとで維持されてきた均衡状態は破綻していたと思われる。押勝以外の藤原氏の有力人物の立場はすぐに藤原恵美押勝の乱で明確になる。

表6　藤原宿奈麻呂の陰謀関係者

人　名	天平宝字七年四月当時の官職	任命された後任	天平宝字八年正月の任官	恵美押勝の乱後の処遇
藤原宿奈麻呂	造宮大輔	石川豊人		正四位上・大宰帥
佐伯今毛人	造東大寺長官	市原王	大宰大弐・営城監	従四位下・大宰大弐
大伴家持	信部大輔	石川人成	薩摩守	（薩摩守離任）
石上宅嗣	文部大輔	布勢人主	大宰少弐	従四位下・常陸守

藤原恵美押勝の乱

反乱の勃発

天平宝字八年（七六四）九月一一日、大師藤原恵美押勝の乱が起きた。きっかけはいくつかの密告であった。まず、大外記《だいげき》高丘比良麻呂の密告。藤原恵美押勝は直前に都督《ととく》四畿内・三関・近江・丹波・播磨等国兵事使に就任した。これは畿内諸国および三関国（鈴鹿《すずか》関のある伊勢国、不破関のある美濃国、愛発《あらち》関のある越前国）、近江・丹波・播磨三国の軍事を監督する官であり、彼が都とその周辺の軍事力を掌握するための方策であった。これにより、国ごとに二〇人の兵を五日間、都督使の衙、つまり、藤原恵美押勝のもとに集めることになったが、彼は独断でその数を増やし実行しようとした。比良麻呂はその点を密奏した。次に大津大浦《おおつのおおうら》の密告。大浦は陰陽《おんみょう》に通じており、藤原恵美押勝の信頼を得ていたが、反乱の意志などを知って密告した。大浦はこの時、位階は正七位上で、決して有力な貴族ではない。しかし、押勝の近辺にいた人物であることはまちがいない。淳仁天皇の甥にあたる和気《わけ》王からも押勝が軍備を整えたことに関する密告があった。

孝謙太上天皇はこのような動きに対して、少納言山村王を遣わして淳仁天皇の居所である中宮院の鈴印を回収しようと試み、いっぽう、押勝は男訓儒麻呂を送り込み、激しい戦闘となった。孝謙太上天皇はさらに授刀少尉《しょうじょう》坂上苅田麻呂・将曹《しょうそう》牡鹿嶋足《おじかのしまたり》を遣わし訓儒麻呂を殺害、押勝は中衛将監《しょうげん》矢田部老《やたべのおゆ》を送り込み山村王に対抗したが、授刀紀船守《ふなもり》がこれを殺害した。さらに、孝謙太上天皇は勅を出して藤原恵美押勝とその子孫の官職を解き、位階を剥奪し、藤原の姓を除いた。彼らは藤原恵美氏から恵美氏となったのである。淳仁天皇が鎌足以来の功績を賞して与えた「恵美」は、こうして反逆者の名となったのである。『続日本紀』ではこれ以後、押勝は仲麻呂と称されることが多いので、名も仲麻呂にもどされた可能性がある。

この状況のもとで、叙位が行われた。この叙位は反乱の帰趨が明らかでない段階で、有力な貴族を自己の側に引き込むことを目的としたのであろう。すでに功をあげたといえる大津大浦《おおつのおおうら》・牡鹿嶋足・坂上苅田麻呂・高丘比良麻呂らのほかに、藤原永手《ながて》・吉備真備《きびのまきび》・藤原縄麻呂《ただまろ》らの名がみえる。最初の段階で敗れた恵美仲麻呂は塩焼王をともない、外印（太政官印）をもって近江国へと向かった。翌一二日に孝謙太上天皇は恵美仲麻呂の追討を呼びかけ、北陸道諸国に太政官印を押した命令を実行しないように命じ、再び叙位を行った。対象は白壁王・藤原真楯・中臣清麻呂・藤原宿奈麻呂・藤原楓麻呂《かえでまろ》・田中多太麻呂らである。これでほぼ孝謙太上天皇側の陣営がかたまったといえるであろう。藤原氏では藤原房前の子永手・真楯・楓麻呂、宇合の子藤原宿奈麻呂、豊成の子縄麻呂らで、加えて吉備真備・白壁王・中臣清麻呂などである。この後、一四日に大宰員外帥に左降されていた藤原豊成が復権して右大臣となった。

結局、恵美仲麻呂は、みずからの子以外に、有力な貴族をほとんど組織することができなかった。例外としてめだつのは弟巨勢麻呂である。藤原巨勢麻呂は天平宝字二年八月に参議となっており、乱の時も仲麻呂と行動を共にした。乱の鎮圧を宣言した勅に「仲麻呂ならびに子孫、同悪相従う氷上《ひかみ》塩焼・恵美巨勢麻呂・仲石伴《なかのいわとも》・石川氏人・大伴古薩《こさち》・阿倍小路《こうじ》等を斬る」とある（『続日本紀』天平宝字八年九月癸亥条）。これがほぼ押勝側の主要なメンバーたちであろう。有力貴族を引き込むことができず、孤立した姿が浮かび上がってくる。巨勢麻呂は仲麻呂とともに斬殺されたが、名は恵美巨勢麻呂である。巨勢麻呂はもともと「恵美」を賜姓されたことはなく、氏は藤原であった。藤原恵美押勝が藤原の氏名を剝奪されて、反逆者「恵美」仲麻呂となった時、巨勢麻呂も同様に藤原を剝奪され、恵美を与えられたものと考えられる。

仲麻呂の滅亡

恵美仲麻呂の逃走を追って、山背守日下部子麻呂《くさかべのこまろ》・衛門少尉佐伯伊多智《いたち》が田原道を通り近江国へ至り勢多橋を焼いた。行方を阻まれた仲麻呂は湖西を北上し、越前国へ向かった。しかし、伊多智がすでに越前国に到着して守の藤原恵美辛加知を殺害していた。仲麻呂は精兵を率いて愛発関に入ろうとしたが、授刀物部広成《もののべのひろなり》らによってはばまれ、結局、引き返した。船で塩津に向かったが逆風によって船が漂没、さらに山道をたどって愛発関に向かったが再び伊多智らによって阻まれた。最期の時を迎えた。仲麻呂は三尾崎までもどり、太上天皇側の佐伯三野《みの》・大野真本《おおののまもと》と戦い、敵側に藤原蔵下麻呂の将兵が到着し、敗れた。仲麻呂自身は船で逃亡を図ったが、勝野《かちの》の鬼江《おにえ》で水陸両方から攻撃されて軍は潰滅した。仲麻呂は軍士石村石楯《いわれのいわたて》に捕らえれて斬られ、妻子などは江で斬られた。藤原蔵下麻呂らが平城京に凱旋した。

これ以後、称徳《しょうとく》天皇の治世に、多くの、しかも長文の宣命体の詔勅が出された。これ

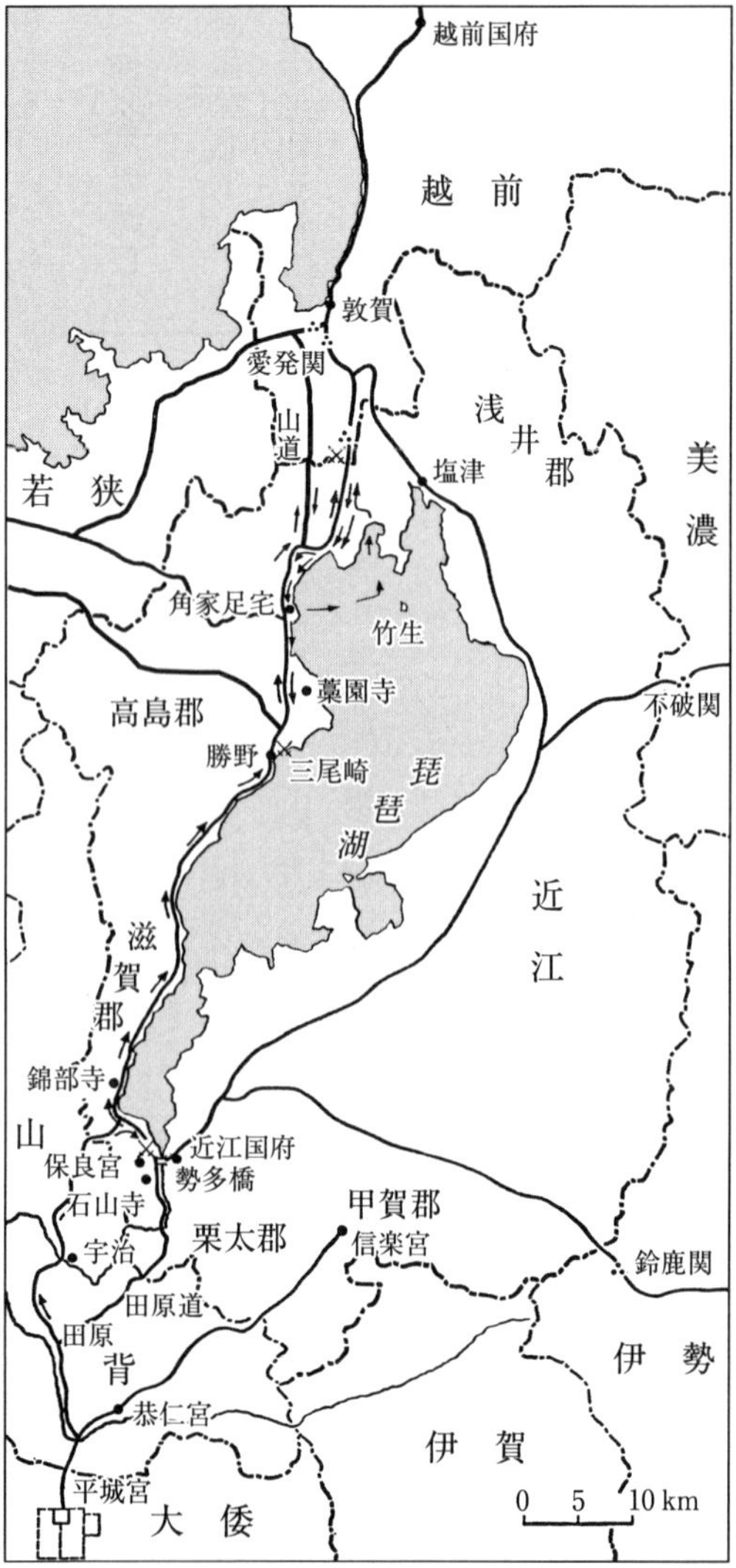

図10　藤原恵美押勝の乱関係系図（岸俊男『藤原仲麻呂』をもとに作成）

らは、称徳の意志やそれぞれの段階の政治情勢などを考える大きな鍵となる。ここで表7としてまとめておく。

九月二〇日の詔の内容は恵美仲麻呂滅亡の経緯、藤原豊成の大臣への復帰、道鏡の大臣

〒113-0033・東京都文京区本郷7丁目2番8号　振替 00100-5-244（表示価格は税別です）
電話 03-3813-9151（代表）　ＦＡＸ 03-3812-3544　http://www.yoshikawa-k.co.jp/

古代史はおもしろい！　古代史が好きになる！

研究史、最新の見解、読むべき参考文献など、どこから、何を勉強すればよいかがわかる！

テーマで学ぶ日本古代史　全2冊

佐藤　信監修・新古代史の会編

A５判／各一九〇〇円

政治・外交編

二三二頁

古代王権の成立と展開、律令制のしくみ、天皇制や貴族の登場、遣唐使など、政治や外交に関わる主要なテーマを、研究の蓄積や最新の成果にふれながらわかりやすく解説する。

社会・史料編

二七〇頁

戸籍や土地制度、宗教や文化、「記紀」をはじめとする古代の史料などについて、研究の蓄積や最新の成果にふれつつ項目別にわかりやすく解説。近年注目の交通史や災害史、女性史も取りあげる。

永青文庫の古文書　光秀・葡萄酒・熊本城

公益財団法人永青文庫・熊本大学永青文庫研究センター編

熊本藩細川家に伝わる六万点近くの歴史資料。幽斎・明智光秀・ガラシャをめぐる人間模様、忠利の所望した国産葡萄酒、江戸初期の震災と熊本城の修復、歴代当主の甲冑のゆくえなどを取り上げ、細川家の歴史の深奥に迫る。

【永青文庫設立70周年記念出版】

四六判・二四四頁／一八〇〇円

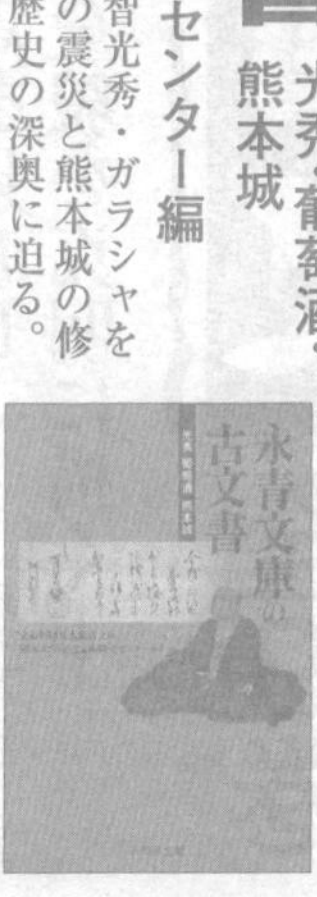

続刊書目

3 大内氏の興亡と西日本社会
長谷川博史著　＊7月発売　＊十六世紀前半／西日本
十六世紀前半、東アジア海域と京都を結ぶ山口を基盤に富を築き、列島に多大な影響を与えた大内氏。大友・尼子氏らとの戦い、毛利氏の台頭などを描き出し、分裂から統合へ向かう西日本を周辺海域の中に位置づける。

2 応仁・文明の乱と明応の政変
大薮　海著　＊十五世紀後半／中央・西日本

4 室町幕府分裂と畿内近国の胎動
天野忠幸著　＊8月発売　＊十六世紀前半／中央

5 東日本の動乱と戦国大名の発展
丸島和洋著　＊十六世紀前半／東日本

6 毛利領国の拡大と尼子・大友氏
池　享著　＊十六世紀後半／西日本

7 東日本の統合と織豊政権
竹井英文著　＊十六世紀後半／東日本

8 織田政権の登場と戦国社会
平井上総著　＊十六世紀後半／全国

9 天下人の誕生と戦国の終焉
光成準治著　＊十七世紀初頭／全国

本シリーズの特色

◆4つの時期区分（十五世紀後半・十六世紀前半・十六世紀後半・十七世紀初頭）と3つの地域区分（東日本・中央・西日本）を重ねあわせ、戦国時代の全体像を捉える全9巻の編成

◆蝦夷地から南九州まで日本列島各地に目を向け、中央の政治の動きと地域ごとの権力との相互関係を重視しながら、各巻を担当する最適な執筆者が時代の流れをわかりやすく説明

◆政治・合戦の流れだけでなく、領国の統治政策、流通と経済、都市と農村のようす、文芸・美術の発展など、社会のさまざまな側面もていねいに解説

◆北方のアイヌとの交易、琉球など東アジア諸国との交流、ヨーロッパの文物の舶来など列島の外側にも視野を広げ、その影響を考える

◆本文の理解を助ける図版を多数掲載。巻末には便利な略年表と主な氏族の系図を収める

歴史文化ライブラリー

通巻500冊達成 ●20年3月〜5月発売の5冊

四六判・平均二二〇頁

人類誕生から現代まで／忘れられた歴史の発掘／常識への挑戦／学問の成果を誰にもわかりやすく／ハンディな造本と読みやすい活字／個性あふれる装幀

497 中世の富と権力 寄進する人びと

湯浅治久著

他者にものを譲渡する「寄進」は、中世においていかなる役割を果たしていたのか。在地領主や有徳人、宗教団体などを対象に、その実態に迫る。寄進によって生み出される新たな富、そして組織や権力のあり方をさぐる。

二二四頁／一七〇〇円

498 石に刻まれた江戸時代 無縁・遊女・北前船

関根達人著

江戸時代に作られた多種多様な石造物には、いかなるメッセージが込められたのか。供養塔や災害碑に光を当て解読。人々の祈りや願い、神社への奉納石から海運史、石工の姿を描き、近世の自然や社会環境の実態に迫る。

二八六頁／一八〇〇円

499 香道の文化史

本間洋子著

香道《こうどう》は中世日本で花開いた。香木の香りを鑑賞し、違いを聞き分けて楽しむ芸道の源流を探り、香文化の発展に深く関わった人々の姿を浮き彫りにする。また、香木は贈答品として使用され、政治的役割を担った側面も描く。

二四〇頁／一七〇〇円

500
首都改造
東京の再開発と都市政治

源川真希著

一九六四年東京オリンピック後の都市再開発から、副都心開発、バブルとその崩壊、二〇二〇年オリンピックに向けた再開発まで—。政府・都知事の都市構想やディベロッパーとの連携から東京の変貌を浮き彫りにする。

二二四頁／一七〇〇円

501
沖縄米軍基地全史

野添文彬著

沖縄に米軍基地が集中し、維持されてきたのはなぜか。沖縄戦から現在に至るまでの通史から、米国・日本・沖縄社会が基地をいかに位置付けてきたかを検討。普天間基地移設など、いまだ課題を多く残す問題の淵源に迫る。

二三八頁／一七〇〇円

【好評既刊】

490 明智光秀の生涯〈3刷〉 諏訪勝則著 二五六頁／一八〇〇円

491 神仏と中世人 宗教をめぐるホンネとタテマエ 衣川 仁著 二二四頁／一七〇〇円

492 戦国大名毛利家の英才教育 元就・隆元・輝元と妻たち 五條小枝子著 二四〇頁／一七〇〇円

493 大地の古代史 土地の生命力を信じた人びと 三谷芳幸著 二二〇頁／一七〇〇円

494 鎌倉浄土教の先駆者 法然 中井真孝著 二二四頁／一七〇〇円

495 敗者たちの中世争乱 年号から読み解く 関 幸彦著 二五六頁／一八〇〇円

496 松岡洋右と日米開戦 大衆政治家の功と罪 服部 聡著 二四〇頁／一七〇〇円

歴史文化ライブラリー **オンデマンド版** 販売中
詳しくは『出版図書目録』または小社ホームページをご覧下さい。

官僚制の思想史 近現代日本社会の断面

中野目 徹編

日本社会を形作った一つの編成原理、官僚制。その職務に従事する官吏の意識や専門知、官界内外で議論された彼らの行動規範を追究し、官僚制の思想的側面に迫る。官僚制をめぐる問題が連日取り上げられる今こそ注目の書。A5判・三三四頁／四五〇〇円

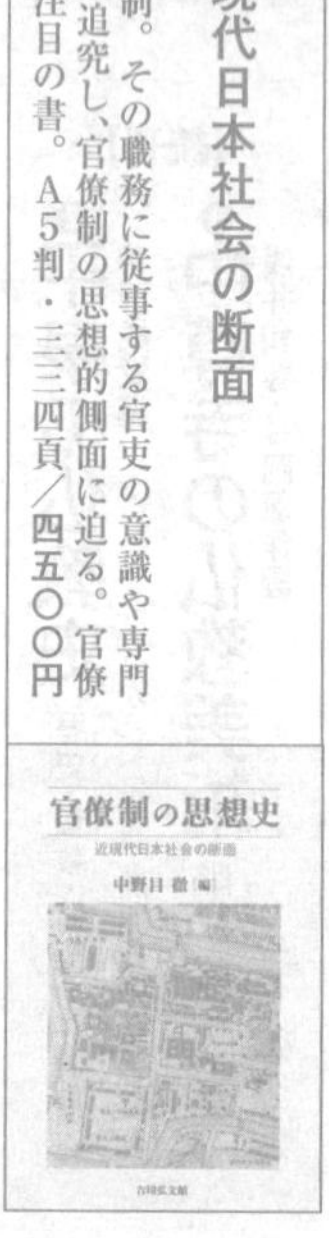

中近世の地域と村落・寺社

深谷幸治著

A5判・三五二頁／一〇〇〇〇円

中近世移行期の地域社会を、琵琶湖周辺や摂河泉の村々に残された古文書と景観から分析。地域寺社が宗教面だけでなく、領主と村落の仲介や隣村との争論に影響力を行使した実態に迫り、近世へ続く村落の体制をも解明する。

肥前名護屋城の研究 中近世移行期の築城技法

宮武正登著

B5判・二八八頁／一二〇〇〇円

大陸侵攻の前線基地として豊臣秀吉が築いた肥前名護屋城。長年の発掘調査の成果と文献資料から総合的に分析。秀吉直営の陣城として唯一残る城塞群遺跡の全貌を解明し、中世以降の「陣」や石垣の変遷史を初めて描く。

近世武家社会の形成と展開

兼平賢治著

A5判・三八四頁／九五〇〇円

江戸幕府の支配体制が整っていく一七世紀、武家社会はいかに転換したのか。盛岡藩はじめ東北諸藩の藩政を題材に、殉死禁止令やお家騒動、大名の離婚や馬の売買などを分析。武家社会の形成過程と到達点を解き明かす。

近世最上川水運と西廻航路 幕藩領における廻米輸送の研究

横山昭男著

A5判・三三四頁／一〇〇〇〇円

西廻り航路の要衝酒田港は、内陸の村山郡から最上川の舟運で運ばれる米などの物資の集積地として栄えた。幕領の廻米機構の変化や農民負担、藩領の舟運の変化と本間・鈴木家ら豪商との関わりを、流通史から解明する。

皇室制度史料 儀制 践祚・即位一

宮内庁書陵部編纂（財団法人菊葉文化協会・発行／吉川弘文館・発売）

A5判・三八四頁／一一五〇〇円

日本考古学 第50号

日本考古学協会編集 A4判・九〇頁／四〇〇〇円

鎌倉遺文研究 第45号

鎌倉遺文研究会編集 A5判・八〇頁／二〇〇〇円

戦国史研究 第79号

戦国史研究会編集 A5判・五二頁／六八二円

読者の皆さまからのリクエストをもとに復刊。好評発売中

11出版社共同復刊

書物復権 2020

唐王朝と古代日本

榎本淳一著

唐代朝貢体制を基軸に日唐外交を捉え直し、文化流入の実態を考察。

A５判・三〇四頁／一〇〇〇〇円

中世武家の作法（日本歴史叢書）

二木謙一著

室町期の武家故実を通して中世武士の姿や動作、人生儀礼を甦らせる。

四六判・二八六頁／三〇〇〇円

荘園（日本歴史叢書）

永原慶二著

中世史研究の泰斗が、荘園の全史を大胆かつ平易に描いた決定版！

四六判・三六二頁／三〇〇〇円

近代日本社会と公娼制度 民衆史と国際関係史の視点から

小野沢あかね著

慰安婦問題の歴史的前提にも言及し、公娼制度の実態を解き明かす。

A５判・三三六頁／九〇〇〇円

明治版画史

岩切信一郎著

板目木版、銅版・石版など、多種多様な〝版〟の変遷をたどり実態を解明。

A５判・四〇〇頁／六〇〇〇円

日本人は、何を、何のために、どのように食べてきたか？

日本の食文化 全6巻

小川直之・関沢まゆみ・藤井弘章・石垣　悟編

食材、調理法、食事の作法や歳事・儀礼など多彩な視点から、これまでの、そしてこれからの日本の〝食〟を考える。『内容案内』送呈

四六判・平均二五六頁／各二七〇〇円

1 **食事と作法** 小川直之編
人間関係や社会のあり方と密接に結びついた「食」を探る。

2 **米と餅** 関沢まゆみ編
腹を満たすかて飯とハレの日のご馳走。特別な力をもつ米の食に迫る。

3 **麦・雑穀と芋** 小川直之編
穀物や芋を混ぜた飯、粉ものへの加工。米だけでない様々な主食を探る。

4 **魚と肉** 藤井弘章編
沿海と内陸での違い、滋養食や供物。魚食・肉食の千差万別を知る。

5 **酒と調味料、保存食** 石垣　悟編
乾燥に発酵、保存の知恵が生んだ食。「日本の味」の成り立ちとは。

6 **菓子と果物** 関沢まゆみ編
味覚を喜ばせる魅力的な嗜好品であった甘味の歴史と文化。

藤原俊成 中世和歌の先導者

久保田 淳著

四六判・五一二頁／三八〇〇円

新古今時代の代表的歌人。多くの歌合の判者を務め、後白河法皇の信頼を受け千載和歌集を撰進する。古来風躰抄を執筆、後継者定家を育て、歌の家冷泉家の基礎を築く。歴史の転換期を生き抜いた九十一年の生涯を辿る。

高山寺の美術 明恵上人と鳥獣戯画ゆかりの寺

高山寺監修・土屋貴裕編

A5判・二〇八頁／二五〇〇円

稀代の僧・明恵によって再興された世界文化遺産・高山寺。膨大かつ貴重な文化財を今に伝える寺宝の中でも、選りすぐりの美術作品に着目し、その魅力を平易に紹介。個性豊かな作品から、多面的で斬新な信仰世界に迫る。

城割の作法 一国一城への道程

福田千鶴著

四六判・二八八頁／三〇〇〇円

戦国時代、降参の作法だった城割《しろわり》は、天下統一の過程で大きく変容する。信長から家康に至る破城政策、福島正則の改易や島原・天草一揆を経て、「一国一城令」となるまでの城割の実態に迫り、城郭研究に一石を投じる。

戦国大名北条氏の歴史 小田原開府五百年のあゆみ

小田原城総合管理事務所編・小和田哲男監修

A5判／一九〇〇円

十五世紀末、伊勢宗瑞（早雲）が小田原に進出。氏綱が北条を名乗ると、小田原を本拠に屈指の戦国大名に成長した。氏康～氏直期の周辺国との抗争・同盟、近世小田原藩の発展にいたる歴史を、図版やコラムを交え描く。二五二頁

映し出されたアイヌ文化 英国人医師マンローの伝えた映像

国立歴史民俗博物館監修・内田順子編

A5判／一九〇〇円

明治期に来日した英国人医師マンローは、医療の傍ら北海道でアイヌ文化を研究し、記録した。伝統的な儀式「イヨマンテ」、道具や衣服、祈りなどの習俗を映画・写真資料で紹介。アイヌの精神を伝える貴重なコレクション。一六〇頁

日本史を学ぶための図書館活用術 辞典・史料・データベース

浜田久美子著

四六判・一九八頁／一八〇〇円

日本史を初めて学ぶ人に向けて、図書館にある辞典や年表、古代・中世史料の注釈書などの特徴と便利な活用方法をわかりやすく解説。データベース活用法も交えた、学生のレポート作成をはじめ幅広く役立つガイドブック。

●近刊

※書名は仮題のものもあります。

富士山噴火の考古学 火山と人類の共生史
富士山考古学研究会編
A5判／四五〇〇円

六国史以前 日本書紀への道のり（歴史文化ライブラリー502）
関根　淳著
四六判／一八〇〇円

名勝**旧大乗院庭園** 本文編／図版・資料編（全2冊セット）
奈良文化財研究所編集・発行
A4判／三二〇〇〇円

藤原仲麻呂と道鏡 ゆらぐ奈良朝の政治体制（歴史文化ライブラリー504）
鷺森浩幸著
四六判／一七〇〇円

藤原冬嗣（人物叢書306）
虎尾達哉著
四六判／二二〇〇円

角田文衞の古代学 ❷王朝の余芳
公益財団法人古代学協会編
A5判／五〇〇〇円

東国の中世石塔
磯部淳一著
B5判／一五〇〇〇円

東海の名城を歩く 静岡編
中井　均・加藤理文編
A5判／二五〇〇円

戦国仏教 中世社会と日蓮宗（読みなおす日本史）
湯浅治久著
四六判／二二〇〇円

上杉謙信（人物叢書307）
山田邦明著
四六判／価格は未定

伊達政宗の素顔 筆まめ戦国大名の生涯（読みなおす日本史）
佐藤憲一著
四六判／二二〇〇円

近世の地域行財政と明治維新
今村直樹著
A5判／一一〇〇〇円

近世社会と壱人両名 身分・支配・秩序の特質と構造
尾脇秀和著
A5判／一二〇〇〇円

日本の開国と多摩 生糸・農兵・武州一揆（歴史文化ライブラリー503）
藤田　覚著
四六判／一七〇〇円

日本考古学年報 71（2018年度版）
日本考古学協会編集
A4判／四〇〇〇円

仁和寺史料 古文書編二
奈良文化財研究所編
A5判／一二〇〇〇円

日本史総合年表 第三版

加藤友康・瀬野精一郎・鳥海　靖・丸山雍成編

旧石器時代から令和改元二〇一九年五月一日に至るまで、四万一〇〇〇項目を収録。便利な日本史備要と詳細な索引を付した画期的編集。

『国史大辞典』別巻　『内容案内』送呈

四六倍判・一二九二頁／一八〇〇〇円

モノのはじまりを知る事典 生活用品と暮らしの歴史

木村茂光・安田常雄・白川部達夫・宮瀧交二著　四六判／二六〇〇円

私たちの生活に身近なモノの誕生と変化、名前の由来、発明者などを通史的に解説。人がモノをつくり、モノもまた人の生活と社会を変えてきた歴史がわかる。豊富な図版や索引を収め、調べ学習にも最適。二七二頁

事典 日本の年号

小倉慈司著　四六判・四五四頁／二六〇〇円

大化から令和まで、二四八の年号を確かな史料に基づき平易に紹介。年号ごとに在位した天皇、改元理由などを明記し、年号字の典拠やその訓みを解説する。地震史・環境史などの成果も取り込んだ画期的〈年号〉事典。

沖縄戦を知る事典 非体験世代が語り継ぐ

吉浜　忍・林　博史・吉川由紀編　A5判／二四〇〇円

「鉄の暴風」が吹き荒れた沖縄戦。その戦闘経過、住民被害の様相、「集団自決」の実態など、六七項目を収録。豊富な写真が体験者の証言や戦争遺跡・慰霊碑などの理解を高め、〝なぜ今沖縄戦か〟を問いかける。二二二頁

令和新修 歴代天皇・年号事典

米田雄介編　四六判・四六四頁／一九〇〇〇円

令和改元に伴い待望の増補新修。神武天皇から今上天皇までを網羅し、略歴・事跡、各天皇の在位中に制定された年号等を収める。皇室典範特例法による退位と即位を巻頭総論に加え、天皇・皇室の関連法令など付録も充実。

予約募集

7月刊行開始

戦争孤児たちの戦後史 全3巻

浅井春夫・川満　彰・本庄　豊
平井美津子・水野喜代志　編

〈第1回配本〉❶総論編…浅井春夫・川満　彰編

A5判／各二二〇〇円

日本宗教史 全6巻

〈企画編集委員〉伊藤　聡・上島　享・佐藤文子・吉田一彦

〈第1回配本〉❸宗教の融合と分離・衝突…伊藤　聡・吉田一彦編

A5判／各三八〇〇円

禅師就任である。押勝が独り賞罰のことをほしいままに行おうとして兄豊成を讒言し、それによって処分したので、大臣にもどすというのが豊成復帰の理由である。押勝の滅亡の後、ひとまず豊成を中心に政治体制が整った。道鏡については後に述べる。

さて、この詔で恵美仲麻呂は三関に使を送ってひそかに関を閉鎖し、一二の国に対して軍丁を乞い発したとされる。三関を閉鎖したとされるのはおそらく事実に反する。仲麻呂は愛発関を支配できず、それが大きな痛手となったと思われる。しかし、平城京を脱出した後の仲麻呂は私の兵力をもって戦ったようにはみえない。何らかの軍を徴発したと思われる。乱の直前において藤原恵美押勝が越前・若狭・美濃・飛驒・信濃・伊賀・近江といった、畿内東接地域に勢力を拡大していたことが指摘される。押勝の子や近い官人が按察使や国守の地位にあった。具体的に示すと、男真先が美濃・飛驒・信濃按察使、女婿の御楯が伊賀・近江・若狭按察使（ただし、天平宝字八年〈七六四〉六月に死去）、越前守は男辛加知（その前も男薩雄）、美濃守は男執棹であった。近江国と藤原氏との深い関わりは改めて論じる必要もなかろう。藤原仲麻呂自身と近江国の関係も同じで、彼は天平一七年（七四五）九月に近江守となった。ただし、在任期間は不明で、次の近江守は天平神護二年（七六六）三月に任命された藤原縄麻呂であった。藤原恵美押勝は乱の直前に都督四畿内

表7　称徳天皇期の宣命体の詔勅

年　月　日	テ　ー　マ
天平宝字八年九月二〇日	藤原恵美押勝の乱の鎮圧、道鏡の大臣禅師就任
天平宝字八年一〇月九日	淳仁天皇廃位、船・池田親王の処分
天平宝字八年一〇月一四日	皇太子の不在
天平神護元年正月七日	藤原恵美押勝の乱の行賞
天平神護元年三月五日	皇太子の不在
天平神護元年八月一日	和気王の謀反
天平神護元年閏一〇月二日	道鏡の太政大臣就任
天平神護元年一一月二三日	大嘗祭
天平神護元年一一月二四日	大嘗祭
天平神護二年正月八日	藤原永手の右大臣就任
天平神護二年一〇月二〇日	仏舎利の出現
神護景雲元年八月一六日	神護景雲改元
神護景雲三年五月二九日	県犬養姉女の配流
神護景雲三年九月二五日	道鏡事件
神護景雲三年一〇月一日	皇太子の不在
神護景雲三年一一月二八日	新嘗祭など

三関近江・丹波・播磨等国兵事使に就任し、当該地域の軍事権を掌握した。大規模な動乱の局面において忠実に制度に従った軍事的活動が行えるとは限らない。この場合、実質的に国を支配する国司の動向が大きな意味を持ったと思われる。押勝が近江国である程度の行動が可能であったのは国司レベルで影響力を保持したからであろう。実際に、彼は越前守の辛加知が殺害されると、越前へ入ることさえできなかった。

乱時の畿内国司

逆に、恵美仲麻呂を追ったのは山背守の日下部子麻呂などであった。子麻呂は九月一一日の叙位で正五位上から従四位下へ昇進しており、この段階で功績を認められたことになる。この日の夜、仲麻呂は逃走したが、子麻呂はすぐにそれを追ったのであろう。山背をはじめ、畿内諸国は大きくみて、孝謙太上天皇のもとに組み込まれ、仲麻呂とは対立的な傾向を持っていたと思われる。

天平宝字七年（七六三）正月、阿倍息道《おきみち》が大和介に任命された。当時の大和守は坂上犬《いぬ》養《かい》であった。犬養は高齢であり、実際の職務を担いえたのかどうか疑問であり、実質的な長官は息道であった可能性が強い。同じ時に阿倍毛人《えみし》が河内守となった。天平神護元年（七六五）閏一〇月に石上息嗣《おきつぐ》がその任にあることが確認できるので、この時には毛人はほかへ転出していた。乱時にいずれが河内守であったかを断定することはできない。ただ、天平宝字八年一一月に石上息嗣が正五位下へ昇進しており、それにともなう異動を想定すれば、乱の時は毛人が河内守であったと考えられる。

摂津職の動向は造東大寺司長官の地位とからんで複雑である。天平宝字七年正月に佐伯今毛人に代わって市原王が摂津大夫に任命され、今毛人は造東大寺司長官に就任。しかし、四月に中臣清麻呂が大夫に就任。これは左降された佐伯今毛人に代わって、市原王が造東大寺司長官となったためである。八年正月、市原王が姿を消し、代わって造東大寺司長官となったのが、吉備真備である。真備は長期間、都から遠ざけられていたが、ここで復帰し、恵美仲麻呂の追討において大きな功績をあげた。乱の時の摂津大夫は中臣清麻呂であった。清麻呂は参議・左大弁との兼官であり、摂津大夫としての実務を十全に執行しえたかどうかは不安である。天平宝字六年正月に阿倍許智《こち》が摂津亮に任命された。乱の時、あるいは亮の許智が実質的な最上位であったかもしれない。天平宝字八年九月に阿倍息道は従五位下から正五位上へ昇進、その後、天平神護元年正月の藤原恵美押勝の乱の行賞で勲六等を与えられた。阿倍毛人もこの時に正五位下から正五位上へ昇進した。この時の叙位・叙勲の対象となった男性は有力貴族や実際の戦闘における功績のある者、女性は女王・乳母《うば》・命婦《みようぶ》・内侍《ないし》・尚膳《しようぜん》・女豎《によじゆ》・采女《うねめ》など、乱の当時、孝謙に近侍していた者たちであった。

ここにも中臣清麻呂が登場する。彼の動きをみておこう。天平宝字六年八月に中宮院に侍し、淳仁天皇の勅旨を宣伝する役割を担い、やがて参議となった。七年正月に左大弁となった。清麻呂は淳仁天皇に近侍するなど藤原恵美押勝を支える人物の一人であった。しかし、藤原恵美押勝の乱で滅亡することはなかった。早くも九月一二日の叙位で清麻呂が正四位下に叙され、翌天平神護元年正月の叙勲で勲四等を与えられた。これは清麻呂が孝謙太上天皇側にあったことを示すであろう。これらの叙位・叙勲について、武功や追討のための禱請などの有無が論じられてきたが、清麻呂は藤原恵美押勝に近く、参議・左大弁の要職にあった有力貴族で、それが押勝に従わず、孝謙太上天皇側に属したとすれば、それだけで行賞の対象になり得ただろう。しかも、実質はともかく、摂津国を統治する立場にあった。清麻呂は前述の橘奈良麻呂の乱に続いて今回も巧みに勝者の側に立ったのであった。

孝謙太上天皇と畿内国司

このように畿内諸国の国司（守あるいは介）が孝謙太上天皇側に属したことは重要である。恵美仲麻呂が近江国を拠点に軍事行動を起こしたのは、そこが彼の勢力圏であったからであるが、畿内で何らかの行動を起こす可能性はほとんど封じられていたと思われる。たとえば、孝謙側の日下部子麻呂らが近江国へ先回りすることができたのも、ここへの逃走以外に手段のない状況にあり、それが明白であったからだろう。そして、このような状況を支えた意味で重視したいのが阿倍氏の存在である。

阿倍氏は孝謙の乳母（阿倍石井）の出身氏族であった。それだけでなく、阿倍豆余理《つより》（都与利）という女性にも着目したい。天平神護元年（七六五）正月の行賞で正五位下から正五位上に昇進し、勲四等を与えられた。この時の叙位・叙勲は乱の当時、孝謙太上天皇に近侍していた女性にも及んでおり、豆余理もそのうち一人であった。彼女と息道・毛人等との関係は史料上明らかにすることはできない。

さらに考慮すべき点がある。それは豆余理が藤原真楯の妻と推測されることである。真楯の子内麻呂の母は阿倍氏の出身であることが確認できる（『公卿補任』）。有力貴族の妻が後宮に出仕することはしばしばみられたが、おそらく夫の序列と妻の後宮における序列はおおむね対応したであろう。真楯は藤原恵美押勝の乱時、従三位・中納言であったが、孝謙太上天皇側にあって正三位に昇進して勲二等を授与され、大納言に進んだ。その妻にふさわしい阿倍氏の人物は豆余理以外に存在しない。さて、藤原宿奈麻呂の妻も阿倍氏出身の古美奈であった。この二人の間の子がやがて桓武天皇の皇后となる藤原乙牟漏《おとむろ》である。宿奈麻呂は孝謙太上天皇側の有力な人物の一人であった。以上のように、孝謙の周囲で阿倍氏の果たした役割は無視できない。もちろん、孝謙と藤原氏の関係は密接であるが、藤原恵美押勝と対立的な関係になったために、乳母につながる阿倍氏の存在が重くなったと考えられる。

正倉院の武器

　藤原恵美押勝の乱は当初、平城宮内でも実際の戦闘が行われた。そのあたりの情勢を意外な形で示す史料がある。まず、著名なものであるが、正倉院の武器にまつわる史料である。

双倉北雑物出用帳（天平宝字八年〈七六四〉）九月、『大日本古文書（編年文書）』四巻一九四ページ）に次のような記載がある。

　十一日下す　御大刀肆拾捌口　黒作大刀肆拾口

御弓壱伯参枝梓八十四枝　槻六枝　阿恵一枝　檀九枝　肥美一枝　蘇芳一枝　水牛角弓一枝

甲壱伯領挂甲九十領　短甲十領

靭参具納む矢二百卌隻　背琴漆靭壱具納む矢五十隻

胡禄玖拾陸具各矢を納む

納むる櫃弐拾弐具弓櫃五合 矢櫃五合 韓櫃十六合　並鏁子・布綱二条を着く

以前、安寛法師の今日の宣に依り、内裏に献ずること件のごとし。即ち安寛師に付す、

天平宝字八年九月十一日

（署名略）

数字が壱弐参肆伍陸漆捌玖拾伯（一二三四五六七八九十百）と大字で表記されるので、一見、わかりにくいが、意味するところはこうである。藤原恵美押勝の乱の起きた九月一一日、大刀四八口・黒作大刀四〇口・弓一〇三枝（梓弓《あずさゆみ》八四枝・槻《つき》弓六枝・阿恵《あえ》弓一枝・檀《まゆみ》弓九枝・肥美《ひみ》弓一枝・蘇芳《すおう》弓一枝・水牛角弓一枝）・甲一〇〇領（挂甲九〇領・短甲一〇領）・靫《ゆき》三具（一具あたり八〇隻の矢を入れ、合計二四〇隻）・背琴漆靫一具（五〇隻の矢を入れる）・胡簶《ころく》九六具が、櫃二二具に納められ、安寛《あんかん》の宣により内裏に献上された。孝謙太上天皇が安寛を使者として非常の措置として武器を内裏に献上させたのである。安寛のほかに署名があるのは造東大寺司判官の佐伯真守と主典の志斐麻呂《しひのまろ》、東大寺可信の洞真《どうしん》である。安寛はこの時、東大寺上座であったと思われる。この頃、正倉院北倉の物品は勅使・造東大寺司の官人・僧綱・東大寺三綱の立ち会いのもとではじめて出納することができた。たとえば、この事例の少し前の七月二七日に桂心が倉から出され、施薬院に充てられたが、

この時、立ち会ったのは勅使・造東大寺司判官など・大僧都（僧綱）・東大寺上座などであった。これが正しい手続きであった。九月一一日の出給はやはり異常である。

正倉院北倉にどのような武器類が存在したかは国家珍宝帳をみると判明する。用帳の記載とこれを比較すると、持ち出されたのが北倉に存在した武器のほぼすべてであったことがわかる。安寛は武器をねこそぎ持ち出したのである（近藤好和『日本古代の武具』）。

乱後、約一ヵ月を経た一〇月一三日に乱時に献上された武器の確認のために検定文が内裏に進められた。使は大律師安寛と右衛士督百済足人《くだらのたりひと》であった。安寛が使となったのは出給の当事者であったからであろうが、この時は大律師であった。百済（余）足人は天平宝

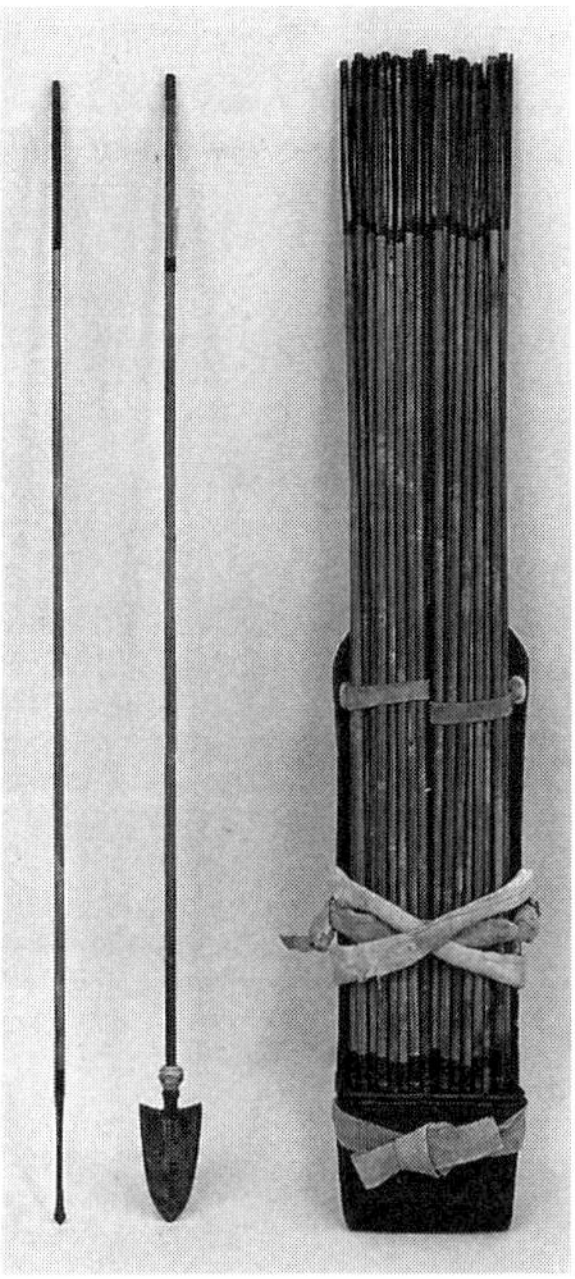

図11　胡籙（正倉院宝物）

字八年正月に授刀佐に任命され（この時、正五位下）、乱後の一〇月におそらく藤原恵美押勝の乱時の功績により、従四位下に昇進した。その右衛士督任命は乱と関係すると思われるが、彼も孝謙太上天皇側の人物であった。検定文にもとに実状の把握が行われたはずであるが、それに関わる史料などは存在しない。しかし、延暦六年（七八七）の曝涼使解によると、国家珍宝帳の記載の武器類のうち、宝亀七年段階で北倉内にあったのはわずかで、ほとんど返納されることはなかったのである。

内裏に向かった経生たち

同じ東大寺内に写経所があったが、ここで次のようなことが起きた（天平神護元年〈七六五〉年二月造東大寺司移、『大日本古文書（編年文書）』一七巻四ページ）。

造東大寺司移す　式部省

（一六名の名略、表8）

右件の人等　勅旨大般若経を写し奉まつるによりて去年八月十六日より十二月十七日まで司家に供奉す。仍りて九月十一日夜、寺司率いて内裏に参り、即ち民部省卿《きょう》正四位下藤原朝臣縄万呂の宣によりて還りて司家を守る。これ今月正月七日の恩勅に依りて　動上叙位の例に預かるべし。仍りて事の状《さま》を具《つぶ》さにし、以て移す

表8　内裏に向かった経生たち

官位	人名	年令	本貫地
少初位下	科野虫麻呂	四五	右京
従八位上	若倭部国鉾	四九	右京
少初位上	丈部浜足	四七	右京
大初位下	荊国足	四七	左京
無位	百済飛鳥戸広成	三三	河内国安宿郡
無位	島浄浜	三三	摂津国豊嶋郡
正八位上	秦豊穂	五六	摂津国豊嶋郡
従八位上	高市水取老人	四九	右京
従八位下	鬼室石次	五二	右京
大初位上	美努船長	四六	河内国若江郡
大初位下	依網国堅	四七	左京
大初位下	秦部家主	四〇	伊勢国朝明郡
少初位上	張兄麻呂	五〇	右京
少初位上	秦前東人	四七	山背国紀伊郡
少初位下	岡大津	四五	大倭国添上郡
少初位下	一難宝郎	四五	摂津国百済郡

天平神護元年二月

注釈を加えながら説明する。勅旨大般若経の奉写とは後述する孝謙太上天皇発願（道鏡の宣）の大般若経一部の書写事業のことである。藤原恵美押勝の乱の起きた九月一一日夜、写経所に勤務し、写経に従事していた一六名の経師たちは寺司（造東大寺司の官人の意味）に率いられて内裏に向かった。おそらく何も知らされないままに、いきなり、争乱のまっただなかに放り込まれたのであった。そこに藤原縄麻呂がおり、彼らに東大寺写経所に戻り、そこを守衛するように命じた。軍事の訓練を受けたわけでない経師たちに、激しい任務を課すのはためらわれたのであろう。四〇代後半から五〇代が多い。

藤原縄麻呂は孝謙太上天皇側の有力な貴族の一人であった。経師たちへの命令はなかなか冷静で的確な判断であったように思う。なお、文書中に「民部省卿正四位下」とあるが、これは乱の時でなく、文書作成時の官位・官職である。このような点に当時の官人社会のきまじめさがうかがえよう。

天平神護元年正月七日の勅により、仲麻呂の乱時の功績に対する叙位が行われることになり、これらの人名が報告されたのである。『続日本紀』によると、正月七日に乱と関わる大規模な叙位・叙勲が行われ、二月四日にも乱の時に内裏に宿衛した桧前忌寸《ひのくまいみき》二三六人や北門を守衛した秦忌寸三一人に叙位が行われた。二月四日の叙位はこの文書の状況に近い、下級官人の功労者を対象とする行賞であろう。この文書に記された人物の叙位の状況は全体としては不明であるが、叙位の確認できるケースもあり、実際に叙位されたのであろう。乱の時、孝謙太上天皇や道鏡はいったい何をしていたのであろうか。それは後に検討してみよう。

淳仁天皇の廃位

天平宝字八年一〇月九日、淳仁天皇は廃位された。天皇が廃位される異常事態であった。孝謙太上天皇は和気王（兵部卿）・山村王（左兵衛督）・百済王敬福《きょうふく》（外衛《げえ》大将）の率いる兵を送り込んで中宮院を囲み、廃位を実行した。淳仁天皇は衣服も整わないままに促されて、母などわずかな人びととともに歩いて中宮院を離れた。図書寮近辺で、山村王が孝謙太上天皇の詔を宣した。その内容は次の通りである。先帝（聖武天皇）の、王を奴《やっこ》としても、奴を王としても自由にせよ、たとえ帝であっても礼がなければその地位に置いてはならない、君臣の理に従って貞く浄き心で仕えさせる帝はいてよいという言葉を聞いている。しかし、今の帝は位にたえるものでなく、仲麻呂と同心して朕をうちはらおうとした。帝の位から退け淡路国の公とする。

それが終わると、淳仁は小子門から宮外に出て馬に乗り、藤原蔵下麻呂《くらじまろ》（右兵衛督）によって淡路国に護送され、一院に幽閉された。さらに詔があり、淳仁の兄の船親王は諸王の地位とされ、隠岐国に流され、同じく兄の池田親王も諸王として土佐国に流された。翌年正月七日、天平神護と改元された。

道鏡と政治世界

道鏡の前半生

沙弥道鏡

確実な史料で、道鏡《どうきょう》が登場する最も古いものは正倉院文書である（納櫃本経検定并出入帳、『大日本古文書（編年文書）』二四巻一八一・一八九ページ）。

A　梵網経二巻　良弁大徳御所に奉請す　使「沙弥道鏡」

B　一九年六月八日出す　廻浄論一巻（以下、経名略）

右　良弁大徳の宣に依り弘明師所に奉請す　使弥沙「道鏡」　知る田辺史生

Aに日付はないが、前に天平一九年（七四七）正月一五日の記事、後に同年六月二三日の記事があるので、日付はこの間である。この二点の史料によると、天平一九年六月頃、東大寺僧良弁《ろうべん》への経の奉請と良弁の宣による経の奉請の使となったのが道鏡であった。当時、道鏡は良弁の近辺にあった。良弁は東大寺の初代別当とされる同寺を代表する僧である。天平勝宝三年（七五一）に少僧都として僧綱《そうごう》の一員となり、八年に大僧都、天平宝字八年（七六四）に僧正《そうじょう》となった。天平一九年はまだ少僧都となる前で、東大寺上座であった。この段階で道鏡は「沙弥《しゃみ》」であった（Bの「弥沙」は誤記）。

僧尼の社会で出家者のうち具足戒《ぐそくかい》を受けた、つまり受戒した者を比丘《びく》・比丘尼《びくに》と称した。沙弥・沙弥尼は出家したものの、まだ具足戒を受けておらず、正式な僧尼でない者の意である。その前の段階、在家で修行に勤める者が優婆夷《うばい》・優婆塞《うばそく》である。これに従うと、道鏡は天平一九年に沙弥の段階にあったことが確認される。出家の年齢、得度から受戒までの期間、受戒の年齢に統一された基準はない。僧尼個人でまちまちである。したがって、この事実から道鏡の年齢を推測することは難しい。

これ以前の道鏡の姿はまったくの闇の彼方にある。いえることは『続日本紀』の伝にあるように、河内国の弓削連《ゆげむらじ》の出身であること程度である。河内国若江郡に弓削郷があり、現在の八尾市弓削・東弓削周辺にあたる。道鏡はこの地の出身である。弓削連はそれほど有力な氏族とはいえず、この地の中小氏族の一つとするのが妥当である。当時、僧尼の主たる供給源はこのような畿内の中小豪族僧であり、出身からみる限り道鏡きわめてありふれた僧の一人であった。古くに喜田貞吉などが道鏡皇胤説を主張したこともあった。これは『七大寺年表』に天智《てんち》天皇の孫、志貴《しき》皇子の第六子とあることなどを根拠として、弓削氏の女が志貴皇子の室となり道鏡を生み、母の氏姓を名乗って弓削氏となったする見解である。『七大寺年表』は史料としての信頼性に問題もあり、現在ではこの説は否定されているといってよい。

天平宝字六年六月七日法師道鏡牒に「法師」（『大日本古文書（編年文書）』五巻二三八ページ）、双倉北雑物出用帳に「禅師」とあるので、この時、確実に受戒を経て、沙弥から比丘となっていたはずである。『続日本紀』の道鏡伝に内道場に入り禅師に列したとある。禅師は禅行に優れた僧の意味であるが、ここでは天皇などの病気の治療にあたる看病禅師のことである。天平勝宝八歳、聖武《しょうむ》太上天皇が死去したとき、看病禅師は一二六人の多数に及んだ。驚くべき数字である。道鏡もその一人であっただろう。

『七大寺年表』に道鏡の内道場出仕を天平勝宝五年とする記述がある。この時期に内道場の拡大・強化は顕著であり、この年代も事実でなかったかと推測される。前年の天平勝宝四年一一月に東大寺の安寛が内裏に出仕していたことが確認できる。安寛も看病禅師の一人であった。『東大寺要録』「東大寺権別当実忠《じっちゅう》二十九ヶ条事」によると、やはり良弁の側近であった実忠も天平勝宝五年から禅師として奉仕したことが確認できる。このように、天平勝宝四、五年頃に良弁周辺の僧が集中的に、内道場に出仕して看病禅師となったものと考えられる。

聖武太上天皇は以前から病気であったらしいが、天平勝宝四年正月に不予のため僧九五〇人、尼五〇人の得度を実施、四月九日が大仏開眼会であった。翌年四月、光明皇太后《こうみょう》の病気が長引き、回復しない状態で大赦が行われ、翌六年三月に聖武の病気のために観自在菩薩像（繍仏）が発願され、東大寺大仏殿の東の壁に掛けられ（『東大寺要録』）、一一月に聖武・光明のために薬師琉璃光仏の恭敬・供養が行われた。天皇周辺のあいつぐ病気を考慮すると、看病禅師一二六人という数字も、納得させられる。

河内国南部の地域性

河内国若江郡の出身であるとすると、道鏡が育った仏教的な環境をある程度推測することは可能である。若江郡など、河内国南部は仏教が深く浸透した特殊な地域であった。井上光貞の古典的な研究によると（井上光貞「王仁の後裔氏族と其の仏教」）、河内国古市・丹比郡に、王仁《わに》後裔氏族（西文《かわちのふみ》氏とその同族）、およびそれと擬制的に同族と称した葛井《ふじい》・津・船氏などの王辰爾を始祖とする渡来系氏族が密集して居住し、七、八世紀に仏教の新たな潮流を継受し、有力な僧を輩出した。

著名な僧として道昭《どうしょう》（丹比郡出身、俗姓船連氏）・慈訓《じきん》（俗姓船連氏）・慶俊《けいしゅん》（俗姓葛井連氏）などである。慈訓や慶俊は道鏡とほぼ同じ時期の有力僧で、慈訓は宮中講師を務め、少僧都となり、慶俊は法華寺大鎮を務め、律師となった。両者とも道鏡と入れ替わりに排斥され、道鏡の没落とともに復権した。道鏡の生まれ育った河内南部とはこのような仏教の深く浸透した地域であった。

もう少し前にこの地にゆかりのあった一人の注目される人物がいる。それは県犬養《あがたいぬかいの》橘《たちばなの》三千代《みちよ》である。三千代は藤原不比等《ふひと》の妻、光明皇后の母である。三千代は河内国古市郡の出身で、仏教の強い影響を受けながら育ったと考えられる。この地出身の慈訓や慶俊が天皇家と深く結び付いた背景に三千代の存在があったことは確実であろう。そして、道鏡もそのような河内国南部出身で、天皇家と深く関わった僧の一人と理解しなければならないであろう。

道鏡が孝謙《こうけん》太上天皇の病気を治療したのが天平勝宝五年（七五三）を起点として八年後、その後、道鏡事件までが八年である。天平一九年からしばらく後に受戒して正規の僧となり、以後、道鏡事件までがおおむね二〇年程度である。道鏡が政治史上にあった時期はさほど長くはない。

正倉院文書のなかの道鏡

孝謙太上天皇の復権後、道鏡の活動が正倉院文書中にみえるようになる。これは偶然でなく、これ以後において、道鏡が東大寺写経所やその周辺の活動に関与するようになったのであろう。

道鏡と奉写御執経所・東大寺写経所

この頃から奉写御執経所という名の写経機関が活発に行動し始めた。これは正倉院文書を残した東大寺写経所とは別の、内裏系統の写経所とされ、文字通り、孝謙太上天皇（称徳《しょうとく》天皇）が実際に手に執る経を書写した機関と考えられる。史料上の初見は天平宝字六年（七六二）一二月である。おそらく、天平宝字六年五月、孝謙が保良《ほら》宮から帰還して法華寺に入ったことを大きなきっかけに、そこに存在した写御書《しゃごしょ》所を前身として誕生したと思われる。

次に述べるが、奉写御執経所はしばしば道鏡の宣を受けて東大寺写経所と経のやりとりなどをした。それは端的に道鏡がこの時期に法華寺を活動の拠点としたからであろう。天平宝字七年九月に道鏡が慈訓に代わって少僧都に任命された。これ以前、道鏡は僧綱でなく、道鏡の政治的な昇進の一環といえるが、後に大臣・太政大臣（禅師）に任命されることを考えれば、さほど意味のある昇進とはいえない。ただ、慈訓との交代である点に着目すると、意味がみえてくる。慈訓は法華寺内の外嶋院に曹司を持ち、内裏での活動の拠点とし、外嶋院《そとしまいん》に存在する写経機関にも関与していた。おそらく、少僧都解任にともない外嶋院から離れたであろう。道鏡が慈訓の曹司を引き継いだと推定しておきたい。孝謙が法華寺に居住するようになったと同じく、道鏡も法華寺（内の外嶋院）に、少なくとも活動拠点を確保したのである。道鏡がここを日常的な住居としたかどうかは不明である。その可能性は充分にあると考える。

史料上、道鏡の奉写御執経所に対する関与は天平宝字七年四月にはじめて確認される。これはまだ少僧都任命以前である。奉写御執経所が道鏡の宣に基づき、少数の経の貸し出しを申請したものなどを除き、正倉院文書にみえる道鏡の主な活動をまとめたのが表9で

表9　正倉院文書にみえる道鏡の主な活動

年月	内容	道鏡との関わり	収録
天平宝字六年六月	一切経目録の奉請	道鏡牒による	五―二三八
天平宝字六年一二月	十二灌頂経の書写	法勤尼宣による書写。道鏡宣により布施に東大寺封戸の官家功徳分をあてる	一六―一七二
天平宝字六年一二月	欧陽詢真跡屛風の出納	道鏡のもとへ	四―一九二
天平宝字六年閏一二月	仁王経疏の書写	道鏡宣による書写。道鏡宣により浄衣を支給	一六―一〇六・三一九
天平宝字七年三月	七〇〇巻経の書写	道鏡宣による書写。道鏡宣により書写経を奉請	五―四〇二、一六―三六七・四四二・四五九
天平宝字七年六月	四〇巻経の書写	道鏡宣による	五―四四七・四四九、一六―四一二・四一四
天平宝字八年三月	一切経目録の奉請	道鏡宣による	五―四七八
天平宝字八年七月	大般若経の書写	道鏡宣による	五―四九四、一六―五一五・五四九
天平宝字八年八・九月	最勝王経の奉請	道鏡宣による	一六―四五六・四五九・四六三
天平神護元年四・五月	藤原仲麻呂所蔵経の調査	道鏡宣による	五―五二二・五二八
天平神護二年四月	仁王経の奉請	道鏡宣による	一六―四四〇

注　「収録」欄は『大日本古文書（編年文書）』の収録巻とページ。

ある。

十二灌頂経一二部の書写は「尼法勤《ほうきん》」の宣により開始された、合計一四四巻の写経である。尼法勤とは孝謙太上天皇に近侍した和気広虫《わけのひろむし》のことだろう。彼女の法名が法均、字は異なるが、同一人物であろう。したがって、この写経の発願自体は孝謙太上天皇なのであろう。道鏡の宣により、布施に東大寺の封戸《ふこ》の内の官家功徳分が充てられた。この点については先に述べた。

「七百巻経」とは正倉院文書中に出てくる略称である。正倉院文書正集巻七に道鏡の自筆の書状三点が収録される。明治期の正倉院文書の正集編修時に、あちこちから道鏡の書状が集められたのである。そのうちの一点は宝字七年三月一〇日法師道鏡牒（『大日本古文書（編年文書）』五巻四〇二ページ）である。内容は内宣によって最勝王《さいしょうおう》経一一部（一一〇巻）・宝星《ほうせい》経一部（一〇巻）・七仏所説神呪《しちぶつしょせつしんじゅ》経三部（一二巻）・金剛般若経六〇〇巻、合計七四二巻のの書写を東大寺写経所に命じたもので、内宣とは内裏の命令の意であり、当然、孝謙太上天皇の命である。この書写事業に関係する文書や帳簿が多く現存し、書写の過程が詳細に判明する。

宝字七年六月三〇日法師道鏡牒（『大日本古文書（編年文書）』五巻四四七ページ）も東大

寺写経所にあてた自筆の書状である。道鏡は東大寺写経所に対して、十一面経三〇巻・孔《く》雀《じゃく》王呪《おうじゅ》経一部の書写を命じた。総巻数は四〇巻とあるので、孔雀王呪経一部は一〇巻であったことになる。来月六日以前に写し終われと、厳しい期限を設けていた。六月三〇日に命令を出し、七月六日までに四〇巻の写経である。この写経事業は道鏡の仏教的な性格を考えるうえで重要なので、後述する。

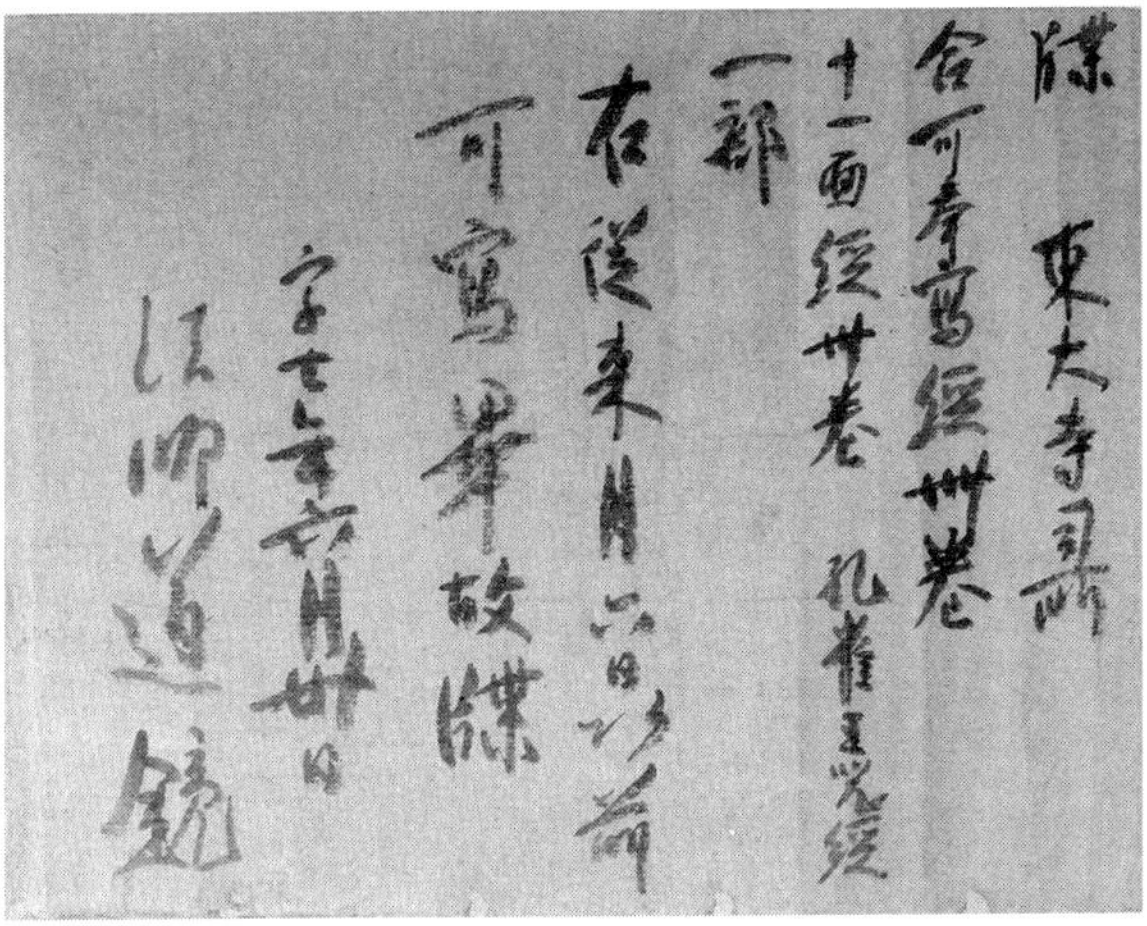

図12　法師道鏡牒（正倉院宝物）

『開元釈教録』のやりとり

孝謙太上天皇が実権を掌握した天平宝字五年（七六一）六月三日から四日後の同月七日付けの道鏡自筆の牒（『大日本古文書（編年文書）』五巻二三八ページ）がある。これは東大寺写経所に対して一切経目録の奉請を求めるものである。道鏡は六日の内宣を受けており、孝謙太上天皇の意志に基づく奉請である。奉請は経の貸し出し請求や送付を意味する語である。これに対し東大寺写経所は「東大寺一切経目録」を奉請した。それはこの時から一切経に関わる何らかの事業が始められたことを示唆するが、具体的にどのようなものであったかは不明である。神護景雲経と通称される、神護景雲二年（七六八）五月一三日付けの彼女の願文を持つ一切経が現存するが、最終的にこれにつながっていくのであろう。さらに、天平宝字八年正月、奉写御執経所は東大寺写経所に大乗律・小乗律の目録を求め（定海尼宣）、三月にも少僧都（道鏡）の宣により一切経の巻数と用紙数などの検注と目録の奉請を求めた。実際の写経の準備であろう。そして、次のような八月末から九月初めにかけての『開元釈教録《かいげんしやつきようろく》』（経目録）のやりとりに関する史料がまとまって存在する（表10）。

八月二五日に奉写御執経所は東大寺写経所に対して『開元釈教録』を求めた。これは八月二日の道鏡の宣が実行されず、内裏から改めて明軌尼《みようき》が宣し、『開元釈教録』を求めたのであった。「御覧《ぎよらん》あるべし　日時を廻するなかれ」と孝謙太上天皇が必要としたためであり、また遅延を禁じる簡潔な文言もある（A）。八月二日にも道鏡の宣が出されたことがわかる。

二六日付けの造東大寺司文案（B）は奉写御執経所の申請に対する返答である。次のようにある。坤宮官《こんぐうかん》一切経（いわゆる五月一日経）の『開元釈教録』のうち一七巻分は京職尹（藤原恵美久須麻呂）宅にあり、一九・二〇巻は「経論中に交わり」、つまり多くの経論にまぎれた状態である。そこで、図書寮一切経の目録を準備するも、すでに大僧都良弁の宣により玄愷《げんがい》師のもとに奉請されており、なおかつ、玄愷は寺家（東大寺か）にいない。

表10　『開元釈教録』奉請の関係文書

記号	文書名	収録
A	天平宝字八年八月二五日奉写御執経所文	一六―五五二
B	天平宝字八年八月二六日造東大寺司文案	一六―五五六
C	天平宝字八年八月二六日奉写御執経所文	一六―四六六
D	天平宝字八年八月二六日大隅公足状	一六―五五四
E	天平宝字八年八月二七日造東大寺司文案	一六―四六五
F	天平宝字八年八月二八日造東大寺司牒案	一六―五五七
G	天平宝字八年八月二八日奉写御執経所文	一六―四六〇
H	天平宝字八年八月二九日京職宅写経所牒	一六―五五八
I	天平宝字八年八月二九日造東大寺司文案	一六―四六一
J	天平宝字八年九月一日造東大寺司文案	一六―四六二
K	天平宝字八年九月一日奉写御執経所返抄	一六―五五九

注　「収録」欄は『大日本古文書（編年文書）』の収録巻とページ。

玄愷が来れば乞い、奉請する。その後、玄愷から図書寮一切経の目録の返却を受けたらしく、図書寮経の『開元釈教録』一九・二〇巻が奉写御執経所へもたらされた（Aの追記）。Aで一九・二〇巻は「先に請い来たる」と注記される。これは以前に申請し受け取ったの意味であり、すでに坤宮官一切経の『開元釈教録』一九・二〇巻は奉写御執経所にあったのである。東大寺写経所でどれだけ探してもみつかるはずはない。東大寺写経所側がこの注記を「先ず請う」意味と誤解したらしく、あわてて代わりの図書寮経の『開元釈教録』を玄愷から返却させ、奉写御執経所に送ったのであった。

さらに、その続きがCとDである。Cによると、奉写御執経所に送られた図書寮経の『開元釈教録』一九・二〇巻は返却された。その理由は坤宮一切経の『開元釈教録』一九・二〇巻はすでに手元にあり、それ以外をさがすことを求めたからである。ただし、それができなければ、図書寮経を奉請させるようにもした。さらに、奉写御執経所の担当者大隅公足《おおすみのきみたり》が個人的な書状の形で、そのあたりの事情を詳しく知らせたのがDである。これは非常に難解である。次のようにいう。坤宮官一切経の『開元釈教録』は左右京職尹宅にあるということであるが、それを写させるべきである。その理由は先に第一九・二〇巻を御覧に供したからである。今受け取った図書寮経の『開元釈教録』は御覧のものと異なる。これを御覧に供すると、坤宮官一切経のものは求めない。図書寮経の『開元釈教録』はしばらくそちらで留め置け。内裏に用いない旨を申し出る。以上である。公足はすでに御覧に供したので、坤宮官一切経の『開元釈教録』でなければならないというのである。東大寺写経所はこの状況をいったん図書寮経を奉写御執経所に送付すべきと判断したらしい。図書寮経の残りを加えて一部一九巻を奉写御執経所に奉請したことがわかる（E）。

その後、二八日に東大寺写経所は京職尹宅に『開元釈教録』の返却を求め、京職尹宅もそれに応じた。これがFとGである。Fにおいて、「二二日間」（に使を出せ）を消して「今火急」と記しており、急ぐ気持ちがうかがえる。また、Hによると、京職尹宅で『開元釈教録』を書写していたようであるが、それを中断して返却しており、これも差し迫った必要があったことを物語る。坤宮一切経の『開元釈教録』も九月一日に奉写御執経所に奉請された。それはIからわかる。ややさかのぼって八月二八日に奉写御執経所が證宝尼の宣により三つの経目録を請求した（G）。I・Jはこれに関する送り状で、Iで開皇三宝録を奉請して、集神州三宝感通録は上記の図書寮経の『開元釈教録』と同じように玄愷のもとにあるので、奉請できない旨を連絡した。しかし戻されたらしく、Jによると、九月一日に奉請された。これの返抄がKである。

当初の八月二日の道鏡の請求はないがしろにされたようであるが、明軌尼の宣により事態が動き始めた。それにしても、おそらく孝謙太上天皇の命を伝えた道鏡の宣が二巻を奉請した程度で、二〇日以上も実行されたなかったのはいかなる理由だったろうか、理解に苦しむ。ただし、八月末からは経目録が急いで奉写御執経所に集められたことがわかる。それが何よりも優先して実行されたことが浮かび上がってくる。東大寺写経所から玄愷に奉請されていた図書寮経の『開元釈教録』は翌々日には全体が奉写御執経所にもたらされた。また、坤宮官一切経の『開元釈教録』も藤原恵美久須麻呂宅での書写事業を中断して奉写御執経所へと移された。それにしても東大寺写経所の手際はなぜかあまりよくない。坤宮一切経の『開元釈教録』一九・二〇巻の所在を見失っていたらしく、すでに奉写御執経所に送った後に、同所に対して経の中にまぎれたと報告した。また、図書寮経の『開元釈教録』を送付したことは、はたして奉写御執経所の要求にかなっていたのだろうか。坤宮官一切経の『開元釈教録』が奉写御執経所に届いた九月一日は藤原恵美押勝の乱勃発の一〇日前であった。

さかのぼって七月二八日、道鏡の宣により東大寺写経所において大般若経一部の書写事業が開始された。この経は「御願大般若経」「勅旨大般若経」と呼ばれるので、発願は孝謙太上天皇であった。この事業は多くの関係史料が現存しており、詳細な書写過程が判明する。それによると、翌日に東大寺写経所が必要物資の申請を行い、八月一日に紙がおそらく奉写御執経所から支給され、この月半ば頃から実際の書写が始まったようである。この段階で藤原恵美押勝《えみのおしかつ》の乱が勃発した。書写事業はそのまま継続し、最終的に完成したのは年末頃である。これに従事した経師たちが孝謙太上天皇側で功績を挙げたのは意図したことではなかっただろうが、この書写事業そのものはやはり当時の政治状況と無縁でない。孝謙太上天皇や道鏡の心性を反映した事業であったと思われる。

最勝王経の奉請

天平宝字八年（七六四）九月、奉写御執経所は東大寺写経所から多くの最勝王経を内裏に奉請しようとした。まず、九月四日に奉写御執経所が最勝王経四〇部（四〇〇巻）の奉請を申請した。これを命じたのは少僧都道鏡であったが、この経は内裏に奉請するものであったから、これは孝謙太上天皇の意志に基づいて道鏡が命じたのである。道鏡の宣は天平一七年（七四五）の御願の最勝王経一〇〇部一〇〇〇巻と具体的に対象の経を指定し、さらに、ときどきに頒布し、写経所にないのであれば、その理由と現存するものの数を申送せよ、と付け加えた（奉写御執経所請経文、『大日本古文書（編年文書）』一六巻四六三ページ）。

これに対して同日、造東大寺司（東大寺写経所を管轄）は最勝王経の現存状況を報告した（造東大寺司注文案、『大日本古文書（編年文書）』一六巻四五七ページ）。この書写経はさまざまな機会に奉請され、東大寺写経所に保管されるのは三三部のみであった。ここで注目されるのは先の文書に対して、天平一七年にその経を書写したことはないとして、天平二〇年の御願の最勝王経一〇〇部について報告した点である。つまり、道鏡側が指定した天平一七年の最勝王経一〇〇部というのは誤りで、実は天平二〇年に書写されたものであった。この時に求められた二〇部が実際に奉請された事実は確認できず、現存状況が報告されただけであったようだ。

さらに、奉写御執経所は一〇日に二〇部の奉請を申請した。これも道鏡の宣である。この時、さらに金剛般若経三〇〇巻の奉請も同時に記載された（奉写御執経所請経文、『大日本古文書（編年文書）』一六巻四五九ページ）。最勝王経は即日、奉請された。また、金剛般若経は宝字七年三月から書写された七百巻経のうちの三〇〇巻であった。七百巻経も道鏡の宣により東大寺写経所において行われた書写事業であった。書写された金剛般若経六〇〇巻のうち、三〇〇部はこの時、内裏へもたらされ、さらに一五〇巻は僧正良弁の宣により一三日に東大寺大仏殿に移された。

九月一六日、奉写御執経所はさらに二〇部の最勝王経の奉請を申請した。これも道鏡の宣によるが、文書には「大臣禅師の今日の宣」とある（賀陽田主《かやのたぬし》請経状、『大日本古文書（編年文書）』一六巻四五六ページ）。これに対して、東大寺写経所は最勝王経一〇〇部のうちの一〇部と七百巻経のうちの一〇部を奉請した。同日付の奉写御執経所の受け取り文書もあるので（大隅公足最勝王経検納文、『大日本古文書（編年文書）』一六巻四五五ページ）、一六日のうちに経が移されたようである。結局、最勝王経三〇部と金剛般若経三〇〇巻が内裏に奉請されたことになる。

このような最勝王経などをめぐる些末なことがらを追いかけた理由はその時期にある。前述したように、藤原恵美押勝の乱が勃発したのは九月一一日、その首が平城京のもたらされたのが一八日である。経の奉請はちょうどこの時期の孝謙太上天皇や道鏡の動向を示す興味深い史料なのである。孝謙太上天皇や道鏡はこの乱の戦闘に直接関わってはいない。平城京にあって、その推移を見守るしかなかったのである。彼らはやはり仏教にすがった。最勝王経は奈良時代に流行した護国経典の一つであるが、孝謙（称徳）天皇との関わりはきわめて深い。詔にもわざわざ引用するほどである。内裏（法華寺）でこれらの多くの最勝王経を利用して何が行われたのかはよくわからない。ただ、これらが戦勝祈願のために利用されたことに疑いの余地はないであろう。なお、この最勝王経のうち、四六部はすでに天平宝字三年に法華寺内の嶋院に奉請されており、東大寺写経所に移された経も宝字六年に四部が御在所へ、宝字八年二月に一部が内裏へ奉請され、八月二二・二三日にも道鏡の宣により各一部が奉写御執経所へ奉請された。このように、この段階で最勝王経一〇〇部の大部分は孝謙太上天皇のいた法華寺に集められていたのである。孝謙がかなり意図的にこれらを手元に置こうとしたことがうかがえ、興味深い。

九月一六日の文書に「大臣禅師」とあるのは興味深い。九月二〇日勅に道鏡の大臣任命の言葉がみえ、この日の任命と考えられる。当文書の「大臣禅師」道鏡との関係について、二つの推測が可能である。一つは、一六日の段階で道鏡はすでに大臣禅師であり、二〇日にそれを追認する勅が出されたとする推測で、さらに、その後の道鏡の辞退の上表もあり、こみいった演出を想定する必要が生じる。もう一つは、この文書が、記された日付と異なり、二〇日以後に作成されたとする推測である。現在のところ、いずれかをとる決定的な根拠はない。

藤原恵美押勝の乱の直前、東大寺写経所は奉写御執経所からの急ぎの経目録請求に対して正確に応じることができなかった。いっぽう、道鏡や奉写御執経所も大きな写経事業のの年代を誤って認識していた。いずれも安易なミスである。ここに大事件の前の浮足だった官司の状況を読み取ることは可能だろうか。あるいは、過剰な解釈だろうか。

仲麻呂の経

藤原恵美押勝の乱後、東大寺写経所から仲麻呂《なかまろ》やその一族のもとに奉請された経の回収が問題となった。乱の影響はこのようなところにも及んでいたことがわかる。天平神護元年（七六五）四月、僧綱が内宣（おそらく称徳天皇の意志）を受けて、殖槻寺《うえつき》・前山寺（栄山寺）に仲麻呂らが乱前に借り出していた経の捜索が命じられた。この文書に大律師安寛の署名がある。その後、殖槻寺から経が返却されたが、あるべくしてみつからなかったものもあったようである。これら（四経、合計二一巻）について、造東大寺司が手持ちの資料によって久須麻呂宅にあることを確認し、捜査を命じた。その後、造東大寺司は再び、同じ命令を発した。これは大臣禅師の宣を奉じたものであった。大臣禅師とはもちろん道鏡のこと。

さらに五月になって、三六〇巻程度の経の捜索が命じられた。これは称徳天皇の勅が大尼証延《しょうえん》、大臣禅師（道鏡）と伝えられ、奉写御執経所の大隅公足が文書を作成して実行したものであった（天平神護元年五月六日大臣禅師牒、『大日本古文書（編年文書）』五巻五二八ページ）。証延は称徳に近侍した尼であろう。これに対して、造東大寺司はそれらの経

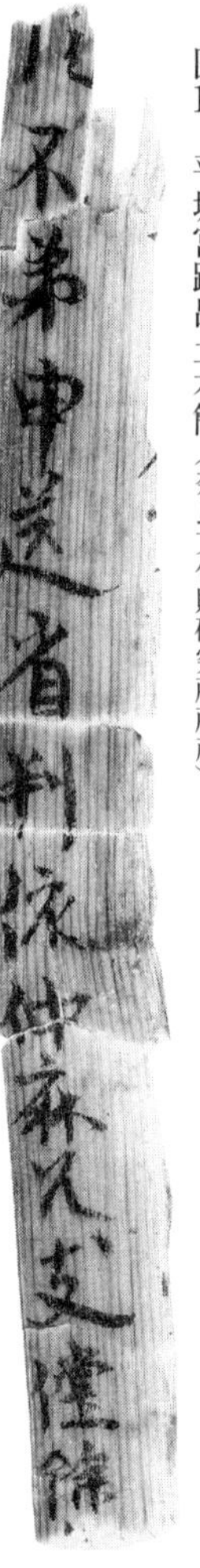

図13　平城宮跡出土木簡（奈良文化財研究所所蔵）

が田村第にあることをつきとめ、使者（上馬養《かみのうまかい》）が送られ、回収された。この使者は検《けん》仲麻呂《なかまろ》田村《たむら》家物使《けぶつし》と称された。この長めの名は、文字通り仲麻呂の田村家（第）の物を検ずることを職務とした使者の意味である。天平神護元年五月九日検仲麻呂田村家物使請経文（『大日本古文書（編年文書）』五巻五二八ページ）は経の送り状である。道鏡は大臣でありながら、このような経の回収に関与したのである。大臣となった後も仏教に関して称徳天皇の近辺にあってことの大小にかかわらず、活動したイメージが強い。大師（太政大臣）まで登りつめた藤原仲麻呂はこの時には単に「仲麻呂」と呼ばれた。平城宮から出土した考課に関わる木簡（削屑）のなかに、「□〔従カ〕不弟申送省判依仲麻呂支黨除□」「仲万呂支黨除名」（いずれも『平城宮木簡』五）のようなものがある。「黨」は「党」に通じ、この木簡は恵美仲麻呂の一派と判断され除名（位階と官職の剥奪）された人物の存在をものがたる。ここでも呼び名は「仲麻呂」のみであった。

道鏡が太政大臣禅師となった後も同様である。天平神護二年三月二〇日の奉写御執経所移（『大日本古文書（編年文書）』一六巻四四二ページ）、四月六日奉写御執経所請経文（『大日本古文書（編年文書）』一六巻四四〇ページ）はいずれも太政大臣禅師の宣により経の奉請を求めたものである。金剛般若経二〇〇巻、仁王《にんのう》経一〇〇部と比較的多くの経の奉請で、何かの法会に関わるだろうと思われるが、太政大臣の行動としては、些末ともいえることがらでもある。なお、これらの経の奉請がどのような意味を持つのかはよくわからない。四月二二日に大赦が実施されたことと関係があるかもしれない。この時の勅に、この頃、仏教に帰依して行道懺悔《ぎょうどうざんげ》していることの記述がある。

道鏡の仏教

道鏡は決して形だけの僧であったわけではない。伝に「略《ほ》ぼ梵文《ぼんぶん》に渉り禅行を以て聞こゆ」とあるが、この評価はまったく根拠のないわけではなかろう。梵文、つまり、サンスクリット語に通じ、禅行（修行）に優れた僧であったことがわかる。そこで、もう少し踏み込んで、道鏡の仏教とはどのようなものであったのだろうか。

如意輪観音信仰

『七大寺年表』に「初め葛木山に籠もり如意輪法《にょいりんほう》を修す。苦行極りなし」とある。道鏡は葛木《かつらぎ》（葛城）山にこもって如意輪法の修行を行い、非常な苦行であったというのである。岡寺（竜蓋寺）の本尊如意輪観音像は四メートルを超える巨大な塑像で、下半身は江戸時代の後補であるが頭部は八世紀のものである。平安時代後期から、この観音の信仰が広がったと考えられ、いくつかの史料に道鏡の発願という記載がみえる。岡寺は道鏡の師とされる義淵《ぎいん》の出身氏族市往《いちゆき》連（後に岡連）の氏寺と推定される。この像の造立は道鏡の義淵に対する奉恩の志より行われ、義淵と道鏡の師弟関係を具体的に示すものとみる見解もある（堀池春峰「道鏡私考」）。岡寺は天平一二年（七四〇）七月八日の写経所啓に名がみえるのが初見である。岡寺がこの時に存在したことは確実である。これ以後に、岡寺と東

図14　義淵坐像（岡寺所蔵）

大寺写経所との間の経の奉請などの事例がみえる。ただし、如意輪観音像について八世紀にさかのぼる確実な史料は存在しない。

石山寺は天平宝字五（七六一）、六年、孝謙太上天皇・道鏡の保良宮滞在時に、おそらく保良宮に付属する寺院として全面的に改装・整備された。この段階では道鏡とゆかりのある寺院であった。この時の帳簿類が正倉院文書中に残存するおかげで、その状況を詳

細に知ることができる。それによると、天平宝字五年末頃から、本尊の制作が開始され、造営事業も本格化した。翌年正月頃から山作所からの木材が届き始め、二月に古い本堂が壊され、新しい本堂の造営が始まった。このほかに大僧都良弁のためのものなど僧房四宇・法堂・食堂などが造営され、ほぼ七月に完成したらしく、八月に残った用材が宇治へ送られた。この時に新たに制作された本尊は丈六《じょうろく》の観音菩薩像であった（天平宝字六年八月二七日造石山院所労劇《ろうげき》文案、『大日本古文書（編年文書）』一五巻二三五ページ）。厳密に如意輪観音かどうかは不明だが、それでまちがいないであろう。現在の石山寺の本尊如意輪観音は平安時代（一一世紀頃）のものと推定されるが、もとの仏像の胎内に納められていた如来像など、四体の銅造の仏像が現存する。

また、石山寺蔵の如意輪陀羅尼経は「大夫人」の観《かん》無《む》量寿堂《りょうじゅどう》の香函に納められた禅誦経であった。大夫人は藤原不比等の妻県犬養橘三千代のことで、三千代は邸宅に観無量寿堂を営み多数の経典を蔵置していた。三千代が如意輪陀羅尼経を所持したことは、一つの経の存在で論じるのは不充分かもしれないが、道鏡との関連で興味深い。三千代の仏教信仰はその子光明皇后、孫孝謙天皇と引き継がれたと思われ、いっぽうで、先に述べたように、道鏡も三千代周辺の仏教的環境のなかで育ったと思われる。道鏡が如意輪観音信仰を持ち、それをもって孝謙（称徳）天皇に仕えたとみるのは自然であろう。

虚空蔵菩薩信仰

『経国集』所収の淡海三船《おうみのみふね》の詩に称徳天皇の内道場での観虚空蔵会《かんこくぞうえ》の情景が描写されていた（横田健一『道鏡』）。当時の虚空蔵菩薩に対する信仰は山林修行の際の虚空蔵求聞持法《こくぞうぐもんじほう》を中心に理解されることが多いが、東大寺大仏（盧舎那仏《るしゃなぶつ》）の脇侍《わきじ》が観音・虚空蔵菩薩像であることに注目してみたい。『東大寺要録』に大仏の脇侍について天平感宝元年（七四九）四月八日に始めて造り、東は観音菩薩で尼信勝が、西は虚空蔵菩薩で尼善光が造ったとみえる。あまり注目されないが、現在でも、大仏の両側に如意輪観音坐像・虚空蔵菩薩坐像が安置される。江戸時代のもので、重要文化財。観音・虚空蔵菩薩像が盧舎那仏の脇侍である点について、経典中に根拠がないとされる。

ここで注目したいのは最勝王経である。最勝王経分別三身《ふんべつさんしん》品に、虚空蔵菩薩が釈迦に修行を問い、釈迦が仏身を三種（化身・応身・法身）に分別してそれに答え、虚空蔵菩薩・梵釈二天・四天王が釈迦に、最勝王経を講説すれば、国土で四種の利益があることを伝えるという場面が記述される。四種の利益とは国王の軍の強盛・寿命延長、妃后・王子・諸臣の和悦、沙門・婆羅門・国人の安楽、諸天の守護・衆生の三宝帰敬である。四種の具体的・現世的な利益である。如意宝珠品《にょいほうじゅ》に、釈迦が如意宝珠陀羅尼を説き、これを受けて、観音菩薩が同じく如意宝珠陀羅尼を説き、以下、執金剛秘密主菩薩・梵釈二天・四天王などがそれぞれ陀羅尼を説くという場面が記される。また、金勝陀羅尼品に、釈迦が金勝陀羅尼を説くなかで、諸仏菩薩の名を称することが記されており、このなかに観音・虚空蔵がともにみえる。観音・虚空蔵ともに登場するケースは共通点がある。それは最勝王経の講説や陀羅尼の具体的な利益を説く部分であること、梵釈二天・四天王とともにみえることである。この点からして、最勝王経に基づき、盧舎那仏（釈迦の法身）の脇侍として観音・虚空蔵菩薩が選択された可能性があるだろう。

釈迦と脇侍の観音・虚空蔵菩薩の組み合わせは東大寺大仏に先行する事例がある。それは興福寺東金堂《とうこんどう》である。中尊の後ろに釈迦坐像・観音像（左）・虚空蔵像（右）からなる三尊像が安置されていた（『七大寺巡礼私記』）。現在の東金堂の本尊は薬師如来像、脇侍は日光・月光菩薩像、ほかに四天王像・十二神将像などが安置され、よく知られるように、それ以前の本尊は鎌倉時代に飛鳥の山田寺から持ち込まれた、いわゆる山田寺仏頭であった。東金堂は聖武天皇の発願である。虚空蔵信仰が最勝王経の鎮護国家思想と結び付き、鎮護国家的仏教の一部を構成した、つまり、虚空蔵信仰は、東大寺大仏の造営前後から最勝王経の教学と結び付き、鎮護国家の色彩を濃くしていったと思われる。道鏡や称徳天皇の周辺で最勝王経の教学とも結び付く虚空蔵信仰が展開していた可能性は高い。

孔雀呪法と宿曜秘法

道鏡は孔雀呪法を修習したと考えられる。前述した天平宝字七年（七六三）六月三〇日道鏡牒がそれを示す何よりの根拠である。道鏡は東大寺写経所に対して、孔雀王呪経一部一〇巻などの書写を命じた。これに対して、天平宝字七年七月二日に東大寺写経所は必要物資を申請して事業を開始したが、孔雀王呪経一部の内訳は大金色孔雀王呪経《だいこんじきくじゃくおうじゅ》一巻・仏説大金色孔雀王呪経《ぶっせつだいこんじきくじゃくおうじゅ》一巻・孔雀王呪経一部二巻・大孔雀王経一部三巻の、計七巻と記され、不足分は十一面観音神呪経一巻・陀羅尼集経二巻を追加して巻数がそろえられた。とにかく一〇巻が必要であったらしい。孔雀を冠する経はいずれも同本異訳で密教的な呪術である。

これらの経は白紙・紅紙・蘇芳《すおう》紙に書写され、縹《はなだ》色の表紙が付けられた。蘇芳とは植物の名で、それで染めた黒味を帯びた赤色の紙が蘇芳紙。縹色は薄い青色。当時の経は通常、黄紙であった。黄紙とは、黄蘗《きはだ》で染めた黄色の紙で、虫害を防ぐことができた。白紙・紅紙・蘇芳紙など特殊な紙に書写した点が注目される。

さらに、藤原恵美押勝の乱の翌年天平神護元年（七六五）五月、奉写御執経所は東大寺写経所に対して孔雀王呪経二巻を勘経のために奉請し、六月に大孔雀呪王経を写経のために奉請した（『大日本古文書（編年文書）』一六巻四五〇・四四八ページ）。ここに道鏡の関与はみられないが、称徳天皇の周辺でやはり孔雀呪法などが行われたであろうことがわかる。

孔雀は害虫や毒蛇を食べることから、災厄や苦痛を取り除く功徳をもって信仰された。日本におけるその起源は確実なところは不明であるが、『日本霊異記』の次のような役小《えんのお》角《づぬ》（役行者）を主人公とする説話は注目される（上巻第二八話「孔雀王の呪法を修持し異しき験力を得て現に仙となりて天に飛ぶ縁」）。役小角は四〇歳を過ぎた頃、巌窟に居して葛を着て松を食べ、清水の泉に沐して欲界の垢を濯ぎ、孔雀の呪法を修習し、奇異の験術を得て、鬼神を自在に駆使するようになった。鬼神に命じて金の峰（吉野から大峰にかけての山岳）と葛城の峰の間に橋を造らせた。文武《もんむ》天皇の時代に葛城の峰の一語主大神《いちことぬしのおおかみ》が讒言をして天皇は勅して捕えようとしたが、験力により捕えることができなかった。母を捕えたところ進んで捕えられた。伊豆に流したが、昼は伊豆におり、夜に駿河の富士山に行って修行を行った。最後に仙となって天に飛んでいった。

小角は実在の人物であり、文武三年（六九九）五月に伊豆嶋に流された。さらに葛城山に住み呪術で有名であり鬼神を使役して水を汲ませ、薪を取らせ、鬼神が従わなければ呪縛したと人々は伝えた（『続日本紀』文武三年五月丁丑条）。葛城山を修行の場としたこと、鬼神を駆使したことなど、『続日本紀』の記載は『日本霊異記』の説話と共通する点もある。葛城山を中心に孔雀の呪法なるものが広まっていたことが推定できよう。道鏡もやはり葛城山を修行の場としたことが確認でき、そこに普及した孔雀にまつわる呪術を習得した可能性は充分にある。

道鏡は保良宮滞在時に孝謙の病気を宿曜秘法《すくようひほう》によって治癒させた（『七大寺年表』、高山寺本『宿曜占文抄』）。宿曜秘法とは占星術の一種で、天文と人の運命などを関連づけて吉凶などを占うものである。宿曜経は密教の不空三蔵《ふくうさんぞう》によって訳されたもので、道鏡の時代、まだ将来されていなかったと考えられるが、宿曜の呪術そのものはすでに存在していた。

西大寺と称徳天皇・道鏡

西大寺は称徳天皇および道鏡ともっとも関わりの深い寺院であろう。天平宝字八年（七六四）九月、恵美押勝の乱の際に孝謙太上天皇が七尺金銅四天王像を発願したのが起源とされる。戦勝を祈願したものと思われる。これが四王院に安置された四天王像である。その後、造営は奈良時代最末期まで続いた。現在の西大寺は創建当初の状況をほとんど留めていないが、宝亀一一年（七八〇）一二月の西大寺資財流記帳が当初の様子を示す貴重な史料である。それによると、薬師金

図15　四天王像邪鬼（西大寺所蔵）

堂・弥勒金堂の二つの金堂からなる金堂院と二基の塔、十一面堂院・四王院・小塔院などの院とそのなかの多くの堂宇から構成されていた。

　薬師金堂・弥勒金堂は建物自体も特殊であった。薬師金堂の屋根上の大棟には、中央に二頭の獅子《しし》が置かれ、それが蓮華座《れんげざ》を支え、その上に火炎のついた茄形《なすがた》が取り付けられ、東西に銅鐸をくわえた鳳凰の装飾があった。堂内には薬師三尊像など主要なもので二七体の仏像が安置され、弥勒金堂には弥勒三尊像など合計七六体の仏像・神像などが安置された。特筆すべきは、二つの金堂内の仏像に多くの鏡が取り付けられた点である。たとえば、薬師金堂の薬師三尊像には、如来像の台座に五六面、光背に七二面、両脇侍にそれぞれ台座に三八面、光背に七二面の、さまざまな大きさの鏡が取り付けられた。堂内のかすかな光は鏡に反射し、神秘的な空間を作っただろうと推定され、これは密教の影響である。

薬師金堂に孔雀明王菩薩像二軀が安置された。これは道鏡の孔雀呪法の修得と関わりがあるだろう。

四王院は、金銅四王像が安置され、歴史からみて、ここが西大寺の中心であったと思われる。須弥壇中央に八角五重の宝塔、その周辺に菩薩・四天王など、合計四三体の仏像が安置された。小塔院はいわゆる百万塔を安置した場所である。西大寺は平安時代時代以後の荒廃が著しく、西大寺資財流記帳に記載された仏像のうち、現存するのはわずかに四天王像の邪鬼だけである。

大臣、そして法王へ

大臣禅師

道鏡が俗界での官職を得て、昇進していったのは称徳天皇の即位からである。『続日本紀』によると、道鏡の大臣禅師就任は天平宝字八年（七六四）九月二〇日のことである。この日、討賊将軍の藤原蔵下麻呂《くらじまろ》が凱旋し、称徳天皇の詔が出された。詔の最後で道鏡の大臣禅師任命が表明された。そのなかで最初に注目すべき点は、恵美仲麻呂が、道鏡が昼夜、仕え奉る様子をみて、先祖の大臣としての地位を継ごうとしているとして退けるよう求めたとある点である。先祖の大臣とは弓削氏の祖先をさかのぼるとみえてくる物部守屋《もののべのもりや》のことと思われる。退けるとは詔に頻出するが、処罰して遠ざけることである。仲麻呂が実際にこのような発言をしたのかどうかは不明である。

しかし、称徳の道鏡に対する評価は異なった。道鏡は、いたって浄く、仏法を継ぎ興隆させようとする朕を導き護ってくれる「己《おの》が師」をたやすく退けることはできない、とある。

次に、称徳天皇みずからの特殊な境遇が述べられる。「髪をそりて仏の御袈裟を服て」いるが、「国家の政《まつりごと》を行ずあることえず」、国家の政治を行わないわけにはいかない、と。そのようなことは許されるのか、続く文章である。経にも国王が王位にある時は「菩薩の浄戒」を受けよとあり、これによると、「出家しても政を行うに豈障《あにさわ》るべき物にはあらず」。菩薩の浄戒とは菩薩戒のことであるが、これは在家にも出家にも適用される戒であり、梵網戒《ぼんもうかい》（梵網経に説く）のことと考えられる。政治に関わる俗人も戒を受けるのであり、出家していても政治を行うのに支障はないというのである。

これが尼天皇が君臨して統治する根拠であったが、天皇と仏教が聖武天皇の事例から、さらに一段と強く結合したことは疑いない。聖武天皇は出家するとともに譲位し、薬師寺に移ったが、称徳天皇は出家した状態で統治を行うこととなったのである。

それでは、出家した天皇の「己が師」はいかなる地位となるのであろうか。「帝の出家」した世には「出家してある大臣」もあるべきであるとして、道鏡に「大臣禅師《だいじんぜんじ》」の地位を授けることが言明された。この文脈から明らかなように、道鏡の大臣禅師就任を支えたものは道鏡を「己が師」と呼ぶ称徳天皇が出家した状態にある事実であった。

その後、九月二八日に、道鏡は大臣禅師の辞退を上表したらしく、称徳天皇は再び詔を出した。大臣禅師に任命した理由は、仏教を興隆させるために、高位がなければ民衆が服さず、僧尼を勧奨するために、顕栄でなければ速かに進まないことにあり、俗務によって道鏡を煩わせるためでないとして、大臣禅師任命の方針を変えることはなかった。仏教の興隆を通して民衆を服属させ、僧尼を勧奨することが責務であり、道鏡が聖俗双方に対して教導を行うことが求められた。僧の大臣たるゆえんである。このようにして僧の大臣が誕生したのであるが、それは尼の天皇の誕生からもたらされたことであった。

太政大臣禅師

天平神護元年（七六五）一〇月、称徳天皇は行幸を行った。これは相当に大規模な行幸であった。大和国の小治田宮《おはりだ》を経て、檀山陵《まゆみ》（草壁皇《くさかべ》子の陵）を通った。この時、陪従の者をすべて下馬させ、旗幟を巻かせ礼をつくした。紀伊国に至り、帰路、河内国の弓削行宮《あんぐう》に到着した。紀伊への行幸は父聖武天皇の即位直後の紀伊行幸を意識した行為の可能性があるが、そもそもの目的地は河内国の弓削であったのだろう。

次いで、弓削寺に行幸して仏を礼拝し、唐・高麗楽《こまがく》を奏させ、百済王敬福《くだらのこにきしようふく》が百済の舞を披露し、弓削寺と智識寺に封戸を施入した。天平一二年（七四〇）に聖武天皇が行幸し、大仏の造立を思い立ったのはこの智識寺であった。そして、閏一〇月二日、称徳天皇は道鏡を太政大臣禅師に任命する詔を出した（『続日本紀』天平神護元年〈七六五〉一〇月庚寅条）。

称徳天皇の言葉に耳を傾けてみよう。次のようである。

太政大臣はふさわしい人のいる時には必ず任命するものである。朕が師大臣禅師（道鏡）の、朕を守り助けられるのをみて、内外二種の人に対して、慈哀し、過《とが》なく仕え奉らせたいといわれるのを聞くと、太政大臣を授けるのにたえうると思うので、太政大臣禅師に任命する。また、それを先に明らかすると必ず否といわれるであろうから、申さずに授ける。

内外二種とは仏教の内と外、つまり、僧尼と俗人のことであり、道鏡の責務はやはり聖俗双方を対象とするものであった。この詔の後、文武百官が太政大臣禅師を拝賀し、再び弓削寺に赴き礼仏した。さらに平城京に帰還して留守の百官が同じく拝賀を行った。結局、この行幸は道鏡の太政大臣禅師任命を引き出すための政治的な行為であった。

太政大臣は最高の官職であり、この場合、職員令の規定の「一人に師範として」のような文言が注目される。称徳天皇が道鏡を「師」と位置づけたのにふさわしい官職である。ただし、道鏡が実際の政務に関わりを有したとは考えにくい。これは以前からの方針のままであっただろう。

称徳天皇が平城京へもどった翌月に大嘗祭《だいじようさい》が行われた。詳しい記録はないが、大嘗宮での儀礼が終了した後の節会《せちえ》の最初の日（辰の日）に三つの詔勅が出された。第一は神祇伯中臣清麻呂に対する褒賞・叙位、第二は悠紀《ゆき》・主基《すき》国司に対する叙位である。注目すべきは第三の勅である。次のようである。

このたびの大嘗祭が常と異なった理由は朕が仏の弟子として菩薩戒を受けていることである。これにより、上は三宝（仏教）に供奉《つかえまつ》り、次に天社・国社の神を敬い祭り、次に親王・臣・百官人・人民をあわれみいつくしもうと天下を治めている。また、神は三宝から離れて触れないものと人は思っている。しかし、経をみると、仏法を護り尊ぶ神たちがいる。それゆえ、僧尼と俗人が交わり供奉るのに支障はないと思い、大嘗祭を行った。

仏教の影響により、祭儀のあり方が変化したことがわかるが、もっとも大きな相違は僧尼と俗人がともに供奉した点である。その宗教的な根拠は仏法を護り尊ぶ神の存在であった（護法善神《ごほうぜんしん》）。これも称徳天皇が出家した状態にあることによる。

法王へ

天平神護二年（七六六）六月、隅寺《すみでら》の毘沙門像のなかから仏舎利《ぶっしゃり》が出現し、一〇月になってそれが法華寺に運び込まれた。『続日本紀』（天平神護二年一〇月壬寅条）にその時の豪華な行列の様子が記される。貴族たちのうち壮然として容貌の優れた者、五位以上二三人・六位以下一七七人を選抜し、金銀朱紫色の衣服の着用を許し、さまざまな幡や蓋を持たせ、舎利の前後に行列させた。翌日に勅が出され、歓びを分かち合うためとして広く位階の昇進を命じた。

隅寺は現在の海竜王寺《かいりゅうおうじ》である。隅寺の創建事情は不明な点が多いが、発掘調査で飛鳥末期から白鳳期の瓦が出土しており、平城京以前に何らかの仏教施設が存在したと推定される。平城京造営にともないこの地は藤原不比等の邸宅となった。仏教施設は邸宅に取り込まれた。不比等邸はその後、その子光明子《こうみょうし》に継承された。そして、藤原光明子の立后にともない皇后宮となって以後、その仏教施設が寺院と位置づけられるようになったのであろう。正倉院文書に隅院あるいは隅寺の名でみえる寺院がそれであり、角は邸宅内の角の意味で、邸宅の東北隅に位置した。

不比等の妻県犬養三千代は『万葉集』に「太政大臣藤原家の県犬養命婦」とあり（一九巻四二三五の詞書）、不比等の居住空間と融合しつつも、三千代の宅が存在したはずである。

それが正倉院文書に法華寺内の嶋院の名でみえるものではなかったかと考える。そして、天平宝字三年（七五九）頃から光明皇太后はおそらく嶋院をもとにして阿弥陀浄土院を造営し、浄土信仰に基づく修行などをしつつ死を迎えたと思われ、その一周忌の斎会は盛大に阿弥陀浄土院で行われた。阿弥陀浄土院は法華寺内の西南隅に存在した。以上のように、隅寺や法華寺は称徳天皇の母系ときわめて深い由縁が存在した。それのみならず、祖母三千代・母光明皇后から称徳天皇という血統は仏教信仰の系譜でもあった。また、称徳自身が重祚《ちょうそ》の直前に居住した場所でもあった。称徳天皇にとって法華寺は特別な仏教信仰の拠点であった。そこでの仏舎利出現は称徳天皇の仏教信仰や政治を正当化するものであったことはまちがいない。

この時、詔が出された。次のようである。

舎利は光りかがやいて美しく形も円満で、特に神妙であることは考えも及ばないほどである。法師らを率いて上の地位にある太政大臣禅師（道鏡）が仏教を広め、教え導かれることによってこれが出現した。このことを朕《ちん》一人が喜んでいるわけにはいかない。太政大臣である朕の師に法王の位を授ける。

このように、道鏡の行いにより仏舎利が出現したととらえ、その褒賞として道鏡を法王とした。次いで、道鏡はこの俗世の地位を願い求めたことはなく、一つの道に志して、菩薩の行を修め、人を渡し導こうと心は定まっているが、朕が敬い報いる行為としてこの地位に任命すると、称徳天皇の意志であることをが強調された。

仏舎利の出現は道鏡の法王就任を引き出す政治的演出であった。隅寺は法華寺の東北に位置し、仏舎利がそこから法華寺に運び込まれたのは当然のようにも思われるが、前述のように、道鏡が法華寺内の嶋院（この時には阿弥陀浄土院）を活動の拠点としたことを考慮すると、法華寺であった意味もよく理解できる。つまり、仏舎利は道鏡を祝福するものとして利用され、道鏡にささげられたのではなかろうか。憶測をたくましくすれば、あるいはこの時道鏡は法華寺におり、仏舎利がまさに道鏡のもとにもたらされた可能性もあろう。

法王という地位

さて道鏡の就任した法王とは何であろうか。まず、詔の道鏡は世俗の地位を求めないが、称徳天皇が授けるという論理から、法王が世俗の地位であることが確定する。任命の後、詔が出され、法王の月料は供御《くご》に准ずることが命じられた。月料とは毎月の食料のこと、供御とは天皇に供する食料。つまり、法王は天皇に等しい地位とされたのである。翌年三月に法王宮職《ほうおうぐうしき》が設置された。ここから法王宮の存在が確認できる。法王の居所は宮とされ、中宮職や皇后宮職と同じように、その宮の経営のために職クラスの官司が設置された。職クラスの官司は大夫・亮・大進・少進・大属・少属の四等官を持つが、大夫は造宮卿高麗福信《こまのふくしん》（従三位）、亮は大外記高丘枚麻呂《たかおかのひらまろ》（従四位下）、大進は勅旨大丞葛井道依《ふじいのみちより》（従五位上）がそれぞれ兼任した。大夫の従三位は中宮職より高位である。

神護景雲三年（七六九）の元日は雨のため朝賀が停止されたが、翌二日、称徳天皇は大極殿で文武百官や陸奥の蝦夷の朝賀を受けた。そして、その翌日、法王道鏡は西宮前殿で大臣以下の拝賀を受けてみずから寿詞を告した。七日、称徳天皇は法王宮に御して宴を催した。この日は白馬節会《あおうま》の日である。当時、白馬節会は内裏で行う節会であったようであるが、それが行われたのは法王宮であった。そして、道鏡は参列者五位以上に摺衣《すりごろも》一領、蝦夷に緋袍《ひのほう》一領を与えた。

さらに『続日本紀』の道鏡伝に「崇《あが》むるに法王を以てし　載《の》するに鸞輿《らんよ》を以てす。衣服飲食一《もは》ら供御に擬《なずら》う」とある。やはり法王は天皇の乗り物に乗り、衣服飲食も天皇と同じであったことがわかる。『日本後紀』延暦一八年（七九九）二月乙未日条の和気清麻呂《きよまろ》伝に、道鏡は天皇の寵を受け、出入する時に警蹕《けいひつ》して乗輿《じょうよ》に擬し、法王と号したとある。

天皇と同じ乗り物に乗り、移動の際に警蹕を行ったのである。警蹕とは天皇などの出入りの際に先払いが声をかけてあたりをいましめることである。それぞれに法王と天皇が同等・同質の地位であることが強調される。それはほぼ実態を示すと理解すべきである。

法王は仏教の教学としては最勝王経に依拠し、厩戸《うまやど》皇子（聖徳太子）に対する崇拝とも結び付くであろう（勝浦令子『孝謙・称徳天皇』）。厩戸皇子には豊耳聡《とよみみと》聖徳《しょうとく》・豊聡耳《とよとみみの》法大王《のりのおおきみ》・法主王《のりのうしのおおきみ》などとさまざまな名があった。これらが存命時の実際の名であったかどうかは検討の余地があるが、八世紀後半の段階で、そのように認識されたことは疑いない。称徳天皇は厩戸皇子に対する崇拝（自身の、そして、自身以外の）を基盤として地位を維持してきた側面がある。

法隆寺東院と四天王寺

法隆寺東院はある種の厩戸皇子記念堂であり、その本尊が厩戸皇子の等身像とされる救世《ぐぜ》観音像である。東院縁起によるとその創建は次のようである。天平七年（七三五）一二月に阿倍内親王が厩戸皇子と聖武天皇のために法華経を講説、翌八年二月、僧行信《ぎょうしん》が皇后宮大進安宿真人《あすかべのまひと》らを率いて法華経を講説、一一年四月、行信が阿倍内親王に奏上して、藤原房前《ふささき》に東院を建てさせた。全体として、阿倍内親王および行信が東院の創建を主導したという論理で一貫しており、この二人が東院の創建の中心であるとされる。詳細な史料批判は省略するが、阿倍内親王が創建に深く関与したことは事実と思われ、創建時期からみて立太子と関わる事業であったと思われる。

女性の皇太子阿倍内親王はほかにまったく例のない存在で、即位してもあくまでも中継ぎであった。阿倍内親王の皇太子としての地位はきわめて不安定であり、当時の天皇家にとって、その安定化が大きな課題であった。このような状況を考慮して、東院の創建を阿倍の立太子と関連し、その地位の安定をはかる仏教的事業の一つと理解することは自然である。阿倍はみずからを厩戸皇子の姿に投影させ、正当性を主張しようとしたと思われる。政治の世界で阿倍内親王の存在意義が本格的に生まれた時から、厩戸皇子との結び付きは存在したのである。

藤原恵美押勝の乱の時、孝謙太上天皇が四天王像を作り、戦勝を祈願したこともやはり、厩戸皇子の説話をなぞった面があろう。そして、重祚して称徳天皇となってからも同様である。神護景雲への改元後の一〇月に四天王寺の家人《けにん》・奴婢《ぬひ》に位階を授け、一一月、四天王寺に対して、これ以前に収公された墾田二五五町（播磨《はりま》国飾磨《しかま》郡）の代わりとして大和・山背・摂津・越中・播磨・美作《みまさか》国の乗田《じょうでん》・没官田《もっかんでん》を与えた。道鏡の法王就任から約半年後の神護景雲元年（七六七）四月に称徳天皇は飽浪《あくなみ》宮に行幸し、法隆寺の奴婢に位階を授けた。飽波宮は当時存在した離宮の一つであるが、厩戸皇子が死去したとされる飽波葦墻《あしがき》宮を起源とする可能性がある。さらに、道鏡事件の前後にも飽波宮行幸、四天王寺への施入などがみられる。すなわち、神護景雲三年六月、播磨国で百姓の口分田《くぶんでん》を収公して、それを四天王寺に施入し、七月、さらに封戸（周防国にあり）を施入、事件後、称徳天皇は飽波宮から由義宮に行幸した。これらのできごとには、道鏡の地位を厩戸皇子のそれと対応させる意味がこめられていたと思われる。

筆者は法王は政治的には皇太子の地位であり、次の道鏡即位計画の実行へのステップであったと考える。つまり、計画された大きな方針は天皇制と仏教の接合であったと理解したい。無論、それによって天皇制の主要な原則である世襲制が否定されるのであるが、現実として世襲制が正確に貫徹できないのであれば、それに固執することはできない。この時、正式の皇太子でなく、法王の地位が考案されたのは、一つは道鏡が僧であるからであるが、いま一つは、皇太子は天皇そのものでないからである。予想される困難を乗り越えて皇太子任命が実現したとしても、それはまだ道の半ばで、さらに即位を実現しなければならない。大きな政治的措置を二度行わなければならない。これは賢明なやり方ではない。正式な皇太子を経ず、満を持して一度で天皇としての即位を実現するしか方策はないだろう。

称徳天皇と貴族たち

道鏡が法王となったのと同時に、円興《えんこう》を法臣《ほうしん》、基真《きしん》を法参議《ほうさんぎ》・大律師とし、藤原永手《ながて》を左大臣、吉備真備《きびのまきび》を右大臣とした。詔にこうある。

仏舎利を安置した法華寺は外祖父の藤原不比等の家である。その家の名を継ぐ藤原永手を左大臣とし、また、吉備真備は皇太子の時から師として教え悟してくれ、今でも護り助けてくれるので、右大臣とする。

永手・真備の二人が称徳天皇にもっとも近い有力貴族であった。さらに道鏡の弟弓削御《み》浄《きよの》浄人《きよひと》が参議から中納言に昇進した。この任官の結果、称徳天皇の政治体制といってもよいものが誕生したといえる。藤原恵美押勝の乱後、復権した右大臣藤原豊成《とよなり》が太政官の最上位となったが、天平神護元年（七六五）一一月に死去した。地位としては大納言藤原永手、中納言白壁王《しらかべ》・藤原真楯《またて》と続くが、白壁王は陰謀をおそれて政治から離れており、真楯は天平神護二年三月に死去した。ここまで、称徳天皇を支える政治体制は人的にきわめて不充分であった。この時、おそらくもっとも信頼できる永手と真備を左右大臣として、安定した体制にたどり着いた。道鏡は政治的な事項に関与せず、主要な執政はこの二人を中心に進められたと思われる。この体制は称徳天皇死去まで継続した。

両大臣のもと、注目される人物がもちろん存在した。藤原縄麻呂《ただまろ》、藤原雄田麻呂《おだまろ》（百川《ももかわ》）、藤原黒麻呂《くろまろ》（是公《これきみ》）である。

藤原縄麻呂は、驚くべきことに、天平勝宝元年（七四九）八月から宝亀一〇年（七七九）一二月の死去まで、三〇年間もの間、侍従であったと思われる。天平勝宝元年は孝謙天皇の治世で、その後、淳仁《じゅにん》・称徳・光仁《こうにん》と四代の天皇に侍従として近侍したことになる。藤原恵美押勝の乱後に参議、宝亀二年三月に中納言に昇進した。この間、天平神護二年三月から神護景雲二年（七六八）二月まで勅旨大輔とみえる。宝亀元年五月、正倉院北倉から屛風が出給されたが、使者は勅旨大輔藤原縄麻呂らであった（双倉北雑物出用帳、『大日本古文書（編年文書）』四巻一九六ページ）。縄麻呂は後に勅旨卿になった。具体的な勅旨大輔・卿の就任時期は明らかでない。ただ、勅旨省の上級官職にあった期間も短くとも一三年に達する。藤原恵美押勝の乱後、天皇家の家産を管理した中心は勅旨省であったと考えられる。この期間においても縄麻呂は侍従であり、長期にわたって侍従が天皇家産の管理を担当した事例でもある。

藤原雄田麻呂は神護景雲元年二月に左中弁・侍従・内匠頭で右兵衛督を兼任し、称徳死去まで、左中弁・内匠頭のままで、称徳死後に内豎《ないじゅ》大輔在任が確認できる。内豎大輔は内豎省の次官である。内豎省は内裏の種々の職務や警備を担当する内豎を管轄する官司で、神護景雲元年七月に設置された。この時の内豎卿は道鏡の弟弓削御浄浄人で、大輔は藤原是公、少輔は藤原雄依《およ り》であった。雄田麻呂は是公の次の大輔であった。その藤原是公は内豎大輔の後、二年一一月に侍従・内蔵頭《くらのかみ》となった。宝亀五年五月に参議となったが、侍従のままであったようであり、宝亀八年一〇月にも侍従在任が確認できる。この人物は山部親王（桓武《かんむ》天皇）の春宮大夫《とうぐう》となり、昇進したことで知られる。彼らは参議もしくはそれ以下であったが、称徳天皇の近臣たちといってよかろう。称徳天皇を支えた貴族たちとはこのようなメンバーで、出家した天皇として特殊な点は見当たらない。また、道鏡の一族（俗人）が特に大きな影響力を持ったともいえない。

称徳天皇即位後の政変

淡路廃帝

称徳天皇が即位すると、再び、後継者の問題が出てきた。淳仁天皇の時代にも必ずしも安定した状況にあったわけでないが、いちおうの皇位継承の方針は存在した。淳仁天皇の即位後、藤原恵美押勝の乱まで深刻な政変はなかった。称徳天皇の即位により、また、後継者の存在しない状況となった。次に述べるように、さまざまな事件が起きることになった。状況の変化は明白である。

天平宝字八年（七六四）一〇月、称徳天皇は、淳仁の廃位を受けて、さっそく次のような皇太子に関する詔を出した。

今、皇太子を定めていないが、朕一人が皇位を貪《むさぼ》り、後継を定めていないのではなく、天の授ける人はやがて現れるであろうと思い、定めていないのである。また、皇位について陰謀をはかりひそかに人を誘うようなことをするな。先祖の門を滅し絶つこととなってしまう。

後継者の擁立が重大な政治的課題であったことが吐露されたといえるが、この時期はこの言葉に反してさまざまな事件の連続であった。天平神護元年（七六五）二月、淡路廃帝《あわじはいてい》、つまり、淳仁天皇の周辺での何らかの動きが察知されたらしい。淡路守に詔を発し、廃帝に逃亡の疑いがあるのに奏上しないことを叱責。同時に、商人と偽って淡路に潜入し廃帝と連絡を取る者に対する禁断を命じた。三月に入り、再び、称徳天皇は詔を出した。淡路にいる人を天皇に立てて天下を治めようとする者があると、廃帝復位の陰謀の存在を率直に指摘した。廃帝は恵美仲麻呂とともに反乱を起こした、決して許すことのできない人物であった。

この時期、淡路廃帝に関わる動き（具体的な様相は不明）は意外に重大な意味を持ったようである。政治においてこの人物が完全に存在価値を失っていたのでないことを示唆するように思われる。もちろん、その最大の支柱であった藤原仲麻呂は存在しないが、称徳天皇はすべての有力貴族を掌握することができず、事態が動く可能性があったかもしれない。あるいは、廃帝は強い恐怖を感じてさまざまな人物との接触を試みたのかもしれない。同年一〇月、廃帝は逃亡を試みて捕えられ死去した。

和気王の謀反

次いでより深刻な事態となった。天平神護元年（七六五）八月の和気王の謀反である。和気王は舎人《とねり》親王の孫（父は三原王）で、称徳天皇の信任もあつい人物であった。藤原恵美押勝の乱時に、その情報を孝謙太上天皇にもたらし、鎮圧後に従三位に叙された。また、淳仁天皇の廃位にあたり、左兵衛督山村王・外衛大将百済王敬福とともに中宮院を囲み淳仁天皇を退去させた（この時、兵部卿）。翌年正月、功績により勲二等を与えられた。和気王にとって淳仁天皇は叔父にあたり、同じく叔父である船・池田親王も流刑となったので、和気王が舎人親王の一族のなかで、唯一、地位を維持したといえる。舎人親王の一族であるという高貴性は当時の政治世界で重要であり、淳仁天皇の例が示すように、あるいは天皇になりうる地位にあったといえるかもしれない。

和気王は紀益女《ますめ》に呪詛をさせ、参議・近衛員外中将・勅旨員外大輔・式部大輔の粟田道麻呂《あわたのみちまろ》、兵部大輔の大津大浦《おおつのおおうら》、式部員外少輔の石川永年《ながとし》などが共謀した。しかし、発覚し夜陰に紛れて逃走したが、率川社《いさかわ》で発見され、伊豆国へ流罪となった。配流の途中で山背国相楽《さがらか》郡で絞殺され、狛野《こまの》に葬られた。この事件について、称徳天皇は詔を出し、断罪した。

それによると、和気王が先祖の霊に祈願した書が発見され、そこに、思い求めることをなしとげることができれば、遠く流されている子孫を京に召し上げて臣となそう、さらに、「己《おの》が怨男女《あだ》二人在り。此《これ》を殺し賜え」(私が怨む男女が二人いる。これらを殺し賜え)と記されており、謀反の意志が明らかとなったという。殺し賜えとはあからさまな祈願である。

さらに、道麻呂・大浦らに対する詔。次のような道鏡の言葉を引用する。愚痴である奴は考えることもなく、人が見とがめるのも知らず、悪友に誘われるものである。彼らの穢れた心は明らかで、法に従って処罰すべきであるが、彼らを賜わり、教え導き、浄き心で天皇に仕え奉らせよう。

道鏡が彼らを教導し改心させるというのである。これにより、称徳天皇は道鏡の意志を賞賛しつつ、道麻呂らを免罪した。淳仁廃位にともなってその近親は、和気王を除いて、処罰された。さらに和気王も殺害された。傍流の王家として重視された舎人親王の一族も、ほぼ称徳即位と同時に消えることになった。

県犬養姉女の呪詛

翌年、「聖武天皇の子」(と称する者)が出現したが、さほど大きな問題ではない。その後、小康を得たかのようであるが、神護景雲三年(七六九)五月、新たな事件が起きた。称徳天皇の異母姉妹の不破《ふわ》内親王の周辺における呪詛事件である。不破は塩焼王の妻で、子志計志麻呂《しけしまろ》・川継《かわつぐ》（あるいは両者は同一人物）をもうけていた。まず、不破内親王に厨真人厨女《くりやのまひとくりやめ》と賜姓して追放し、志計志麻呂を土佐国に配した。志計志には「穢」「荒」といった意味があり、志計志麻呂の名もやはりこの時に与えられた蔑称と思われる。

首謀者とされた県犬養姉女《あねめ》の配流に際し、称徳天皇は詔を出して厳しく断罪した。それによると、姉女は不破内親王のもとで忍坂《おしさか》女王・石田女王らとともに志計志麻呂を皇位につけようとして呪詛を行った。それは「天皇の大御髪を盗み給わりて、汚き佐保《さほ》川の髑髏《ひとがしら》に入れて大宮の内に持ち参入《まい》り来て厭魅《まじもの》する」というものであった。称徳天皇の髪を盗み、佐保川で拾った髑髏に入れて、内裏のなかに持ち込み、厭魅をしたというのである。このように実際の呪詛の行為を明確に記すのはめずらしいことである。しかし、盧舎那如来・最勝王経・観世音菩薩・護法善神の梵王・帝釈・四大天王の不可思議威神《ふかしぎいじん》の力、および歴代天皇の御霊、神祇の護り助ける力により発覚したのである。

この事件は内親王とその周辺の女性による呪詛事件のようであるが、藤原恵美押勝の乱で功績のあった阿倍息道《おきみち》なども関与した可能性があり、さらに広がりを持つようである。息道は神護景雲元年三月以前に侍従であり、この時、中務大輔を兼任し、翌二年一一月に左兵衛督に任命された。宝亀二年（七七一）閏三月に無位から従四位下に復位されたことから、これ以前に何らかの理由によって処罰されていたことがわかる。息道は称徳天皇の乳母につながる一族の出身で、なおかつ、天皇に近侍するなど当時の政治的な地位は決して低くはない。息道と姉女ら事件の首謀者たちがどのような関係にあったのかは不明である。県犬養姉女自身も藤原恵美押勝の乱の功績によって大宿禰を賜姓され、叙位を受けた人物であった。称徳天皇に対する忠誠心を持っていたと思われる彼らがなぜこの事件に関与したのかはよくわからない。いずれにせよ、不破内親王の子（同時に新田部《にいたべ》親王の一族）もこのような状況に追い込まれたのであった。

白壁王と井上内親王

残る称徳天皇の近親、異母姉妹の井上《いのえ》内親王の一族はどのような状況にあったのであろうか。井上の夫白壁王は藤原恵美押勝の乱後に、従三位から正三位に昇進し、天平神護二年（七六六）正月に大納言となった。これは左大臣藤原永手（正二位）・右大臣吉備真備（従二位）につぐ地位であった。しかし、皇位継承に問題が生じて政変が相次ぐなか、禍を恐れ、酒を飲み行跡を隠すといった状態にあった（『続日本紀』光仁即位前紀）。その子他戸《おさべ》親王（母は井上、あるいは養子）はまだ若年であった可能性が高い。和新笠《やまとのにいがさ》（後に高野《たかの》新笠）を母とする子山部王は天平宝字八年

（七六四）一〇月、従五位下に叙された。この叙位は親王・大臣の子孫と藤原恵美押勝の乱の功労者を対象とするものであった。この時、山部王は二八歳であった。さらに、天平神護二年一一月に従五位下から従五位上へ昇進したが、まだ目立った存在とはいえない。

その弟早良《さわら》王は出家していた。おそらく東大寺に居住し、神護景雲三年（七六九）または二年に大安寺東院に移住した。「大安寺碑文」にも「寺内東院皇子大禅師」とみえ、そもそも「大安寺碑文」は早良の依頼により淡海三船が作成したものである。その後、東大寺別当であった良弁の後継者となり、東大寺の運営を主導したと思われる。この弟の境遇と関わりながら、兄山部王も仏教と関わりを有したと思われる。仏教との関わりは、俗世を離れるという点、称徳天皇の仏教信仰という点において、有効な保身策であったといえるであろう。

さて、このあたりの称徳天皇の詔には、さまざまな陰謀が詳細に述べられることが多い。怨む男女二人を殺し賜えと記された書が発見されて陰謀が明らかになったとか、天皇の髪を盗みとり佐保川の髑髏に入れて厭魅したであるとか。このような言葉の持つ陰湿なイメージと対比させて、仏教の慈悲や威力が述べられる。道鏡禅師が惑《まど》える心を教え導くので、罪を免じる、盧舎那如来、最勝王経、観世音菩薩、護法善神梵王・帝釈天、四天王の不可思議威神の力によって呪詛が発覚した、など。この宣命体の詔に込められた意図は明白であり、それを示す技法も印象的である。陰湿なイメージの深さこそが逆に仏教の力や清浄性を何よりも示すのであった。

道鏡事件

『続日本紀』『日本後紀』の認識

『続日本紀』の《解説文》

道鏡《どうきょう》事件は僧道鏡が天皇になろうとした事件と理解されることが多い。とはいえ、何か異常な事件で、事件の裏に何ものかがあり、実際の内容は異なるのではないかと素朴な疑問をいだくのは当然であろう。また、道鏡の真の姿はどうのようなものであったのだろうか。単に悪僧でいいのだろうか。これも引っかかる点である。

まず、次のような史料に注目しよう。少し長くなる（『続日本紀』神護景雲三年（七六九）九月二五日条）。

初め大宰主神習宜阿曽麻呂《だざいのかむつかさすげのあそまろ》旨《うまき》を希《ねが》いて道鏡に媚《こ》び事《つか》う。因りて八幡神の教えと矯《いつわ》

りて言わく　道鏡をして皇位に即かしめば天下太平ならん。道鏡これを聞きて深喜びて自負す。天皇　清麻呂を床下に召して　勅して曰わく　昨夜の夢に八幡神の使来りて云わく　大神　事を奉《う》けたまわらしめんとして　尼法均を請うと。汝清麻呂相代りて往《ゆ》きて　彼の神の命を聴くべしと。発《た》つに臨みて　道鏡　清麻呂に語りて曰わく大神　使を請う所以《ゆえ》はけだし我が即位の事を告げんがためならん。因りて重く募《つの》るに官爵《かんしゃく》を以てせんと。清麻呂行きて神宮に詣《もう》づるに　大神託宣《たくせん》して曰わく　我が国家開闢《くにひら》けてより以来　君臣定りぬ。臣を以て君とすることは未だ有らず。天の日嗣《ひつぎ》は必ず皇緒《こうしょ》を立てよ。無道《むどう》の人は　早《すみやか》に掃らい除くべしと。清麻呂来帰《かえりきた》りて奏すること神の教のごとし。ここに道鏡大に怒りて　清麻呂の本官を解きて出して因幡員外介となす。未だ任所に之《ゆ》かぬに　尋《つ》ぎて詔ありて　除名して大隅《おおすみ》に配す。その姉法均は還《げん》俗《ぞく》せしめて備後《びんご》に配す

宇佐八幡神の託宣、和気清麻呂《わけのきよまろ》の宇佐への派遣、清麻呂の復命、清麻呂およびその姉法均（和気広虫《ひろむし》）の処罰と事態が進行したことがわかるが、そもそも八幡神の託宣は大宰主神習宜阿曽麻呂が道鏡に媚びて神意をまげたものであったし、道鏡は清麻呂の出発にあたり、重く用いて高い官爵をやろうと、あざとい誘いをかけ、清麻呂の復命の後に大いに怒

り、その官を解き、因幡の員外介として追放したのである。これが『続日本紀』の描くこの事件のありさまであった。道鏡の引き起こした陰謀として描いていることは確実である。『続日本紀』は菅野真道《すがののまみち》・秋篠安人《あきしののやすひと》・中科巨都雄《なかしなのこつお》らによって最終的に延暦一六年（七九七）に作られた歴史書。この記述が誰の手によったのかは不明である。これは当時の認識を示すが、それが事件の真相であったかどうか、保証の限りではない（本書ではこれを《解説文》と仮称しよう）。

道鏡は宝亀三年（七七二）四月に死去したが、『続日本紀』に簡単な伝がある。その一部である（『続日本紀』宝亀三年四月丁巳条）。

> 時に大宰主神習宜阿曽麻呂詐《いつ》りて八幡神の教と称《い》い　道鏡を誑耀《きょうよう》す。道鏡信じ神器を覬覦《のぞ》む意あり。

道鏡は八幡神の託宣を信じ、道鏡は皇位を覬覦したのである。覬覦とは「すきをうかがいねらうこと」である。この事件は皇位覬覦事件などと表記されることがあるが、それはこの語句に由来する。これも『続日本紀』の記事であり、伝は編纂にあたり記述されたと思われる。したがって、後の認識である。

宝亀元年八月、称徳天皇の死後、皇太子となった白壁王《しらかべ》（後の光仁《こうにん》天皇）は道鏡を処分する令旨を発した（『続日本紀』宝亀元年八月庚戌条）。令旨とは皇太子の命令。

　聞くならく　道鏡法師　窃《ひそ》かに舐粳《しこう》の心を挟みて日をなすこと久し。陵土《りょうど》未だ乾かぬに姦謀《かんぼう》発覚《あらわ》れぬ。これ則ち神祇の護るところ　社稷《しゃしょく》の祐《たす》くるところなり。今先聖の厚恩を顧みて　法に依りて刑に入るることを得ず。故に造下野国薬師寺別当《ぞうしもつけのくにやくしじべっとう》に任じて発遣す。宜《よろ》しくこれを知るべし。

舐粳とは舐「糠」と思われ、文字通りの意味は糠《ぬか》を舐めることであるが、糠を舐め尽くすと、米に及ぶことから、徐々に害の及ぶことである。本条がこれまで史料と異なるのは、この令旨が実際に宝亀元年八月に出されたことである。つまり、これは確かに事件の約一年後のもの、しかも皇太子の言葉として周知されたものなのである。ここでも道鏡が婉曲に皇位を望んだとされており、このような認識が事件の直後までさかのぼることが判明する。「陵土」、つまり称徳《しょうとく》天皇の陵が乾かぬ間とは、その死の直後のことで、その時、「姦謀」が発覚したと記される。これは道鏡事件のことではない。二日後の二三日に、坂上《さかのうえの》苅田麻呂《かりたまろ》が道鏡の計を告した功績により叙位されたことからそれはわかる。ただ、その内容は不明である。

『日本後紀』の記事

『日本後紀』は『続日本紀』に続く、六国史の第三で完成は承和七年（八四〇）。延暦一八年（七九九）二月二一日に和気清麻呂が従三位、民部卿・造宮《ぞうぐう》大夫・美作備前国造《くにのみやつこ》で死去した。この時、六七歳であった。伝記が記され、道鏡にも言及があるが、事件の評価はまったく『続日本紀』と同じである。細かな点はおいて、道鏡の師路豊永《みちのとよなが》が和気清麻呂に道鏡の即位の非を語ったこと、清麻呂が八幡神に祈ったところ、長さ三丈ばかりで色は満月のような八幡神が忽然と姿を現し、彼は心神を失い、正視することができなかったこと、道鏡は和気清麻呂らを配流の途中で殺そうとしたが、雷雨となり、勅使が来たので生き延びることができたこと、藤原百川《ふじわらのももかわ》が和気清麻呂をあわれみ、備後国の封戸《ふこ》を割いて物資をその配処に送り届けたことなどが、『続日本紀』の記述以外にみえる部分である。これらはひとまず、説話的に、新たに作り出されたトピックとみておくべきで、そのまま事実と受け取ることは難しい。道鏡は神器（皇位の象徴となる品）を望んでおり、この事件はやはり道鏡の陰謀であったとされている。

もう一つ、確認しておこう。和気清麻呂の子和気真綱《まつな》・仲世《なかよ》の言上である（『類聚国史』天長元年〈八二四〉九月壬申条、『日本後紀』逸文）。この言上で清麻呂の子二人は父の造営した神願寺《じんがんじ》とゆかりの深い高尾寺《たかおじ》（神護寺《じんごじ》）を定額寺《じょうがくじ》の格とすることを願い、それは実現した。ここからうかがえる事件のありさまは和気清麻呂の子どもたちの認識に基づくといえる。宇佐八幡神が神威の衰えを嘆き、仏教の保護を求めたとする点、託宣の内容が天皇家を守るための一切経の書写・仏像制作、最勝王経の諷誦《ふうじゅ》、寺院の創建を中心としていて、道鏡の即位に触れない点など、特徴的である。さらに、清麻呂は八幡神に対して仏教の興隆を誓い、それを実行した。八幡神の託宣はまったく道鏡と無関係になってしまっているが、それは神護寺の定額寺化を求める言上であるからで、当然、事実でない。道鏡に関して、佞邪であるにも関わらず、玄扈（中国の黄帝が居した山）の上にあり、はずかしげもなく法王の号を僭称《せんしょう》し窺覦《きゆ》の心を懐き、よからぬ幣を神に供え、いつわりの行為をよこしまな人々にもちかけたと評する。窺覦の心とはもちろん皇位を望んだことを意味する。

平安時代初期にすでに道鏡事件は道鏡が僧の身でありながら、皇位をうかがった事件であったとする、強固な認識が形成されていたと断言してよい。これが事件から三、四〇年後である。

以上が現在に至るまでの、道鏡事件の理解の起源であると思われる。これらをみる限り、道鏡事件が道鏡が引き起こした皇位を狙った事件であったことは明白であるようである。

しかし、これらの記述はすべて道鏡事件の後の、道鏡の即位を阻止し、その後の政治において中心となった側の認識である。確かに事件の内実を知り、正確に記述したとは限らない。この事件は道鏡の起こした陰謀だったのであろうか。事件の真相はどこにあるのだろうか。さらに追究していく必要がある。

研究史の概観

道鏡事件はどのような事件ととらえるべきなのであろうか。研究は多彩であり、ひととおり整理するのも難しい。

道鏡の陰謀説

具体的な作業の前に中西康裕の見解に触れておく。中西の見解は道鏡事件に対する根本的な再検討を含んでいた。まず、宇佐八幡神の託宣を皇位継承に関わらない、由義《ゆげ》宮造営に関わるものとした。さらに和気清麻呂の復命も道鏡の即位を否定するのではなく、某王の即位を内容とするものであったとした。つまり、道鏡は直接的にこの事件に関わりを持たないとしたのである。中西は、事件後に和気清麻呂が処分されその後も冷遇され、道鏡や最初に神託を引き出した中臣習宜阿曽麻呂の処罰が軽く、称徳はその後も道鏡を皇位につけなかった、などの疑問点から出発して論を展開した。これらの事項はこの事件を考えるうえで重要であるが、基本的に中西のような見解によらずとも理解できる。さらに、由義宮造営が改めて宇佐八幡の神意を確認するほどの重要事項であったとも思えないし、某王の即位の点も推定にとどまり、そもそも某王とは誰なのか不明である。中西の見解にはやはり疑問があり、従いがたい。

もちろん、道鏡の陰謀であるとする見解も現在でも有力である。

横田健一はこの事件を、権力者におもねる八幡神職団が権力者である道鏡や大宰帥弓削《ゆげの》御浄浄人《みきよのきよひと》に阿諛《あゆ》して利益を得ようとして起こしたものと評した。また、道鏡自身も詐謀の常習者であったともする。称徳天皇は八幡神の託宣について悩んだが、清麻呂の復命に深く反省するところがあり、道鏡の即位を実行することはなかったが、清麻呂は個人的に感得した神託（個人的見解）を奏上したことになり、処罰された。これが横田の描くその後の推移である。平野邦雄もやはりこの事件を道鏡の引き起こした国家の危機ととらえ、道鏡は称徳天皇との特殊な関係を通じて急速にその地位を高め、一心同体となり、ついには天皇の位を望むという破天荒なことを実行しようとしたと述べた。

近年の研究

瀧浪貞子は、習宜阿曽麻呂が大宰帥弓削御浄浄人らとはかって神託を作り上げ（道鏡も皇位を望む）、称徳天皇は法王道鏡との共治をめざしたものの、道鏡を皇位に就ける気はなく、ただ、和気清麻呂が神託を捏造して道鏡を無道として排除する内容を復命したことを見破り、清麻呂らを処分したとの見解を示した。これもこの事件を道鏡を中心にとらえる見解であるが、事件自体の影響をあまり重視しないものといえる。この説の特色は八幡神の託宣のうち、道鏡の排除の文言に焦点をおいて清麻呂の処分を考える点にある。

瀧浪の見解と同じ傾向を持つのが長谷部将司や若井敏明の見解であろう。長谷部将司は、まず次の称徳天皇を主体とする見解を批判する。主な論点は事件後、清麻呂がいったん因幡員外介への左降という軽い処分を受けた後、約一ヵ月後に除名・配流されたことである。清麻呂が偽の託宣を奏上したのであれば、処分が左降ですむはずはなく、称徳天皇は清麻呂に対して強い怒りを持っていなかったと推測した。それを立論の軸にして、この事件を、道鏡の意向を察した習宜阿曽麻呂らが道鏡即位の神託を奏上し、称徳天皇は和気清麻呂を宇佐に派遣し、清麻呂は別の内容の託宣を持ち帰ったが、称徳に道鏡に皇位を譲る意志はなく、清麻呂の奏上に納得する部分があり、軽い左降処分を行ったものの、後に道鏡の不満を和らげるため清麻呂らを除名したものととらえた。

若井敏明も基本的に瀧浪の見解を継承した。宇佐八幡の神託はその関係者か習宜阿曽麻呂が独自に取った奇抜な行動で、清麻呂が常識的な神託を受け、いったんは幕となったが、法均が道鏡の排除を告げ、称徳はそれに激怒したと推定した。そして、瀧浪と同様、称徳天皇に道鏡を皇位に就ける意志はなかったと推測し、法王道鏡に天下を譲ること、すなわち、天皇制の廃止と血統に基づかない法王制の創始が称徳の意志であったとした。

これら三人の見解が比較的最近の研究であり、最新の研究潮流といえるであろう。

称徳天皇主体説

いっぽうで、称徳天皇をこの事件の主体とする見解も蓄積されている。瀧川政次郎は、道鏡の陰謀であれば、称徳の逆鱗《げきりん》に触れて即座に失脚していなければならず、さらに清麻呂が称徳の逆鱗に触れた事実を理解することができないとして、これは称徳天皇が道鏡に皇位を譲ろうとしたことによって起こった紛争であったと主張した。また、藤原百川が習宜阿曽麻呂・和気清麻呂の背景にいたとする説に対して、彼らが百川の党与であった根拠はないと批判した。

道鏡の問題は、とりわけ称徳女帝の行動を追求すべきと主張する北山茂夫の詳細な推理に耳を傾けてみよう。称徳天皇は自分一人が天皇家の嫡系であるとする観念にとりつかれ、皇嗣の問題に思い悩んでいた。そして、道鏡を法王の地位につけて後は道鏡を皇嗣とすることを考えざるをえなくなっていた。そこで道鏡事件が起きた。北山はここで主役を演じたのは称徳天皇自身で、道鏡は相手役として登場させられた（その後、にわかに積極性を示した）と判断した。習宜阿曽麻呂は称徳天皇の意向を体して神託を伝え、和気清麻呂も称徳から、ある使命（実際の復命とは逆の内容の復命）を負わされていた。しかし、清麻呂の復命が称徳の意志に違反したものであったために、清麻呂は処罰された。和気清麻呂の復命は守旧的といっていい政治的信条と貴族・官人に通有の皇統観（天皇を血による継承）に基づくと考えられる。

河内祥輔も道鏡擁立は称徳天皇が計画して推進したと考えた。和気清麻呂を処分する詔は明らかに称徳自身の期待するところが裏切られたという反応を示しており、清麻呂は予定通りに事を運ぶためにもっとも安全な人物として選ばれたとした。河内の研究の独特な点は、井上《いのえ》内親王の子他戸《おさべ》親王を正統な皇嗣とみて、道鏡（および光仁天皇）を他戸親王への中継ぎと評価したことである。称徳天皇は聖武の血統を至上のものとする価値観にとらわれており、他戸親王こそが正統な後継者であり、他戸を守護する力を仏教に求め、道鏡擁立を試みたとした。

藤原百川の陰謀説

道鏡・称徳天皇以外に主体を求めるのが第三の見解といえる。時代はかなりさかのぼって喜田貞吉は道鏡皇胤説を提起したことで著名である。前述のように、現在この説が生きているとはいえないが、道鏡事件について興味深い指摘を行った。喜田が描いたこの事件は、周到に準備された道鏡排除の陰謀であった。宇佐八幡神の託宣をきっかけに道鏡をたぶらかして皇位をうかがう意志を起さしめ、結果として道鏡を排斥しようと試みたものであり、表面に立ったのは中臣習宜阿曽麻呂と和気広虫・清麻呂姉弟、その影に藤原百川らがいたと推定した。これは百川を中心に考える説といえる。喜田は道鏡が皇胤であるとすると、このような理解がよりしっかり成立すると考えたのであった。さらに、喜田は阿曽麻呂は大罪人であるにも関わらず栄転し（多褹島守任命）、逆に清麻呂らはふさわしい処遇を受けておらず、道鏡らの参謀であったかもしれない吉備真備《きびのまきび》の動向は『続日本紀』にみえず、道鏡自身も事件後、ますます称徳の信任があつく、忌憚なき横暴を極めたなど、数々の疑点を示した。

喜田の見解はその後、道鏡を主体と考えた平野邦雄や横田健一の批判の対象となった。横田は和気清麻呂と藤原氏は通じておらず、復命の内容は清麻呂個人の信念であった、阿曽麻呂の多褹島守任命は栄転とみることはできず、処罰の色の濃いものであった、清麻呂・広虫が藤原氏の走狗であるとする説は確証がなく、彼らは地方豪族でありながら、称徳天皇の信頼により台頭したため、藤原氏から快く思われていなかったと推測した。平野も同様に中臣習宜阿曽麻呂が大宰帥弓削浄人と関係を持ち、道鏡にこびへつらったとするのは『続日本紀』の記載の通りであり、藤原百川が和気清麻呂に封戸物を支給したのは藤原氏の気兼ねであり、清麻呂が光仁期に不遇であったのは藤原氏と結んでいなかったからで、その後の桓武天皇とのパーソナルな関係が和気氏に飛躍をもたらしたなどとして、清麻呂を王権に直属することによって貴族間の政争の抑制勢力として登場する新しい土豪官僚と評した。

日本の近代的な歴史学の誕生以来、この事件は古代史研究者の好奇心を刺激し続けてきたのであった。このようにいっても過言ではなかろう。

事件の真相は

主な材料

具体的な検討に入る前に、枠組みを確認しておこう。まず、先に述べた『続日本紀』神護景雲三年（七六九）九月二五日条の記述のうち《解説文》はそのまま無前提に事実とみることはできない。ただし、この条に宣命体《せんみようたい》の詔が収録される。これはこの日に出された詔そのものを『続日本紀』が採録したもので、信頼性に問題はない。これこそが道鏡事件に関するもっとも基本的な史料である。さらに一〇月一日にも長文の詔が出された。これも重要な史料である。このほかに『続日本紀』のいくつかの簡単な記事（叙位・任官など）があるに過ぎない。これらは直接に道鏡事件に触れない、沈黙の史料である。

次に、称徳と道鏡はもちろん、中臣習宜阿曽麻呂、和気広虫・清麻呂などがこの事件の登場人物であり、彼らの行動や互いの関係性がさまざまに推測されてきた。その総体がこの事件の全体像となる。

　長文であり、煩雑であるが、九月二五日詔の本文を掲げる。実は事件の真相をさぐる上で、それほど雄弁ではないのだが。

九月二五日詔

詔して曰わく　天皇が御命らまと詔《の》りたまわく　夫《そ》れ臣下と云う物は君に随《したが》いて浄く貞《さだ》かに明き心を以て君を助け護り　対《むか》いては礼なき面《おも》へり無く　後には謗《そし》る言なく姦《かだ》み偽《いつわ》り諂《へつら》い曲《まが》る心無くして奉侍《つかえまつる》べき物に在り。然る物を従五位下因幡国員外介輔治能真人《ふじののまひと》清麻呂　其が姉法均と甚《いと》大きに悪《あし》く姦る忌語《いみごと》を作りて朕に対いて法均い物奏《もう》せり。此を見るに面の色形　口に云う言猶《なお》明かに己が作りて云う言を大神の御命《おおみこと》と借りて言うと知らしめぬ。問い求むるに朕が念《おもお》して在るが如く　大神の御命には在らずと聞《きこ》し行《め》し定めつ。故是を以て法のまにま退け給うと詔りたまう御命を衆諸《もろもろ》聞きたまえと宣る。

復《ま》た詔りたまわく　此事は人の奏して在にも在らず。唯言甚《いた》く理に在らず　逆《さかしま》に云えり。面へりも礼無くして　己が事を納《い》れ用よと念いて在り。是れ天地の逆と云うに此より増《まさ》れるは無し。然れば此は諸聖等・天神・地祇の現《あらわ》し給ひ悟し給うにこそ在れ。誰か敢えて朕に奏し給わん。猶人は奏さずて在れども　心の中悪く垢《きたな》く濁《にご》りて在る人は必ず天地現し示し給ひつる物ぞ。是を以て　人人己が心を明らかに清く貞かに謹《つつし》みて奉侍れと詔りたまう御命を衆諸聞きたまえと宣る。

復た此の事を知りて清麻呂等と相謀《はか》りけん人在りとは知らしめて在れども　君は慈《うつくしび》を以て天下の　政《まつりごと》は行い給う物にいませばなも　慈び愍《あわれ》み給いて免《ゆる》し給う。然れども行事《しわざ》に重く在らん人をば法のままに収《おさ》め給わん物ぞ。如是《かく》の状《さま》悟りて先に清麻呂等と同心して一つ二つの事も相謀りけん人等は心改めて明らかに貞かに在る心を以て奉侍れと詔りたまう御命を衆諸聞きたまえと宣る。

復た清麻呂等は奉侍れる奴と念してこそ姓も賜いて治め給いてしか　今は穢き奴として退け給うに依りてなも　賜えりし姓は取りて別部《わけべ》と成《な》し給いて　其が名は穢麻呂《きたなまろ》と給い　法均が名も広虫売《ひろむしめ》と還《かえ》し給うと詔りたまう御命を衆諸聞きたまえと宣る。復た明基《みようき》は広虫売と身は二つに在れども　心は一つに在りと知らしめてなも　其が名も取り給いて同じく退け給うと詔りたまう御命を衆諸聞きたまえと宣る。

九月二五日詔の内容

最初に臣下のあり方が説かれる。「浄く貞かに明き心」で君に仕え対面するときは無礼な表情をせず、その後は誹謗することなく、「姦み偽り諂い曲る心」を持たず仕えなければならない、と。次に輔治能清麻呂（和気清麻呂）と法均を痛烈に非難する。法均が「悪く姦る忌語」を申してきたというのである。しかし、それは顔の色形や言葉から明かにみずからの作り言を「大神」の言葉として申しており、問いつめると、思った通り、大神の言葉ではないとわかった。これが称徳の判断である。これにより法に従って処分すると宣言する。

次に広く臣下の教訓を述べる。法均の奏上は逆と評するのにこれ以上のものはないが、「諸聖等・天神・地祇」が教えてくれたもので、誰も知らせなくても、心が悪く垢く濁れている人は必ず天地が示してくれると述べる。そして、「明らかに清く貞かに謹みて」仕え奉れと命じる。

焦点は事件に戻り、共謀者の免罪が宣言され、最後に具体的な処分。清麻呂を「穢き奴」として退ける、与えた姓を取り「別部」を、名は「穢麻呂」を与え、法均の名も「広虫売」に戻す（還俗させる）、以上の処分である。

ここで示された事件の内容は清麻呂と法均が宇佐八幡神の言葉を奏上したが、称徳天皇はそれを虚偽と判断し、名前を替えさせるなどの処分をしたことのみである。単に「大神」とあるだけでこれが宇佐八幡神であるかどうかも厳密には確証はないが、これは宇佐八幡神のことでいいだろう。

ここで問題となるのは清麻呂や法均の奏上の内容は何か、称徳天皇は奏上の何を虚偽だとしたのかである。この点について、細部はおくとして、《解説文》を信頼する立場と否定する立場があるが、先にも述べたように、否定論は説得的とはいえない。続けるように出された一〇月一日詔は皇位継承についてかずかずの言説を並べて述べており、この時期にさしせまった皇位継承上の問題が生じたことはまちがいない。それはこの事件であろう。この事件が皇位継承と関わるのはまちがいない。さて、ここで計画されたのは道鏡の皇位継承なのであろうか、天皇から法王道鏡への統治権の付与（天皇制の廃止と法王制の創始）なのであろうか。この点は残念ながら、検証の可能性がないと思う。ただし、仮に道鏡が皇位についたとすると、これは制度的に皇位の血統に基づく継承を放棄することに変わりはなく、この事件がそのような大変革を内包したことは否定できないと考える。

一〇月一日詔

次に一〇月一日詔の本文。これも相当な長文である。先の天皇たちの言葉の引用もあり、構成も複雑である。

詔して曰わく　天皇が御命らまと詔りたまわく　掛《か》けまくも畏《かしこ》き新城《にいき》の大宮に天下治め給いし中つ天皇の臣等を召して後の御命《おおみこと》に勅りたまいしく　汝等を召しつる事は朝庭《みかど》に奉侍らん状《さま》を教へたまい詔りたまわんとぞ召しつる。おだいに侍りて　諸《もろもろ》聞たまえ。貞しく明らかに浄き心を以て朕が子天皇に奉侍り護り助けまつれ。継《つぎ》ては是の太子を助け奉侍れ。朕が教え給う御命に順《したが》わずして　王等は己が得ましじき帝の尊き宝位を望み求め　人をいざない悪しく穢き心を以て逆に在る　謀《はかりごと》を起《た》て　臣等は己がひきひき是に託《つ》き彼に依りつつ　頑《かたくな》に礼なき心を念いて　横《よこしま》の謀を構う。如是在らん人等をば朕必ず天翔《あまがけ》り給いて見行《そな》わし退け給い捨て給いきらい給はん物ぞ。天地の福も蒙らじ。是の状知て明らかに浄き心を以て奉侍らん人をば　慈《うつくし》み給い愍《あわれ》み給いて治め給はん物ぞ。復た天の福も蒙り　永き世に門絶えず奉侍り昌《さか》えん。ここ知りて　謹《つつし》まり浄き心を以て奉侍れと命りたまわんとなも召しつると勅りたまいおおせ給う御命を衆諸聞きたまえと宣る。

復《ま》た詔りたまわく　掛けまくも畏き朕が天の御門帝皇《みかどすめら》が御命以て勅りたまいしく　朕に奉侍らん諸臣等　朕を君と念はん人は大皇后《おおきさき》に能く奉侍れ。朕を念いて在るが如く異《こと》にな念いそ　継ぎては朕が子太子に明らかに浄く二心なくして奉侍れ。朕は子二り

と云う言《こと》は無し　唯此の太子一人のみぞ朕が子は在る。此の心知りて諸護り助け奉侍れ。然らば朕は御身つからしくおおましますに依りて　太子に天つ日嗣高御座《たかみくら》の継ぎては授けまつると命《の》りたまいて　朕に勅りたまいしく　天下の政事《まつりごと》は慈を以て治めよ。復た上は三宝の御法を隆《さか》えしめ出家せし道人を治めまつり　次は諸の天神地祇の祭祀を絶たず　下は天下の諸人民を愍み給え。復た勅りたまわいしく　此の帝の位と云う物は　天の授け給わぬ人に授ては保つことも得ず　亦変《またかえ》りて身も滅びぬる物ぞ。朕が立てて在る人と云うとも　汝が心に能《よ》からずと知り目に見てん人をば改めて立てむ事は心のまにまにせよと命りたまいき。

復た勅りたまわいしく　朕が東人《あずまひと》に刀授けて侍らしむ事は汝の近き護りとして護らしめよ念いてなも在る。是の東人は常に云わく　額には箭《や》は立つとも背には箭は立たじと云いて　君を一つ心を以て護る物ぞ。此の心知りて汝つかえと勅りたまいし御命を忘れず。此の状悟りて諸の東国の人等謹しまり奉侍れ。然るに掛けまくも畏き二所の天皇が御命を朕が　頂《いただき》に受け賜わりて　昼も夜も念し持ちて在れども　由なくして人に云い聞かしむる事得ず。猶此れに依りて諸の人に聞かしめなも召しつる。故是を以て今朕が汝等を教え給わん御命を衆諸聞きたまえと宣る。

夫れ君の位は願い求むるを以て得る事は甚《いと》難しと云う言をば皆知りて在れども　先の人は謀おじなし　我は能くつよく謀りて必ず得てんと念いて種種に願い禱《いの》れども　猶諸聖・天神・地祇の御霊の免《ゆる》し給わず　授け給わぬ物に在れば　自然に人も申し顕《あらわ》し己が口を以ても云いつ　変りて身を滅し災を蒙りて終に罪を己も他も同く致《いた》しつ。これに因りて天地を恨《うら》み君臣をも怨《うら》みぬ。猶心を改めて直《なお》く浄《きよ》く在らば　天地も憎みたまわず君も捨て給わずして　福を蒙り身も安けん。生《い》きては官位を賜り昌え　死にては善き名を遠き世に流し伝えてん。是の故　先の賢《さか》しき人云いて在らく　体は灰と共に地に埋りぬれど　名は烟《けぶり》と共に天に昇ると云り。又云わく　過《あやまち》を知りては必ず改めよ。能きを得ては忘るなという。然る物を口に我は浄しと云いて心に穢きをば天の覆《おお》わず地の載《の》せぬ所と成りぬ。此を持《たも》ついは称《たたえ》を致し　捨つるいは謗《そしり》を招きつ。深く朕が尊び拝み読誦《どくじゅ》し奉《まつ》る最勝王経の王法正論品《おうほうしょうろんぼん》に命りわまわしく　若し善悪の業を造らば　現在の中に諸天と共に護持《ごじ》して其の善悪の報《ほう》を示さしめん。国人の悪業を造るを王者禁制せざるは　此れ正理《しょうり》に順ぜず　治擯《ちひん》せんこと当《まさ》に法のごとくすべしと命りたまいて在り。是を以て汝等を教え導く。今世には世間の栄福を蒙り忠《ただ》しく浄き名を顕し　後世には人天の勝楽を受けて終に仏と成れと念してなも諸に是の事を教え給うと詔りたまう御命を衆諸聞きたまえと宣る。
復た詔りたまわく　此の賜う帯をたまわりて　汝等の心をととのえ直し朕が教え事に違《たが》わずして束《つか》ね治《おさ》めむ表《しるし》となも此の帯を賜わくと詔りたまう御命を衆諸聞きたまえと宣る。

一〇月一日詔の内容

冒頭に登場する「新城の大宮に天下治め給いし中つ天皇」とは元正《げんしょう》天皇のこと、その詔が引用される。内容は「朕が子天皇」と「太子」に忠誠を求め、皇位を望む王たちや陰謀をはかる臣たちを戒めるものである。「朕が子天皇」は聖武《しょうむ》天皇、「太子」は阿倍《あべ》内親王のこと。次に「朕が天の御門帝皇」の詔が引用される。これは聖武天皇である。内容として四つのことがらがある。

第一に、「太皇后」と「太子」に対する忠誠を求め、「太子」に「天つ日嗣高御座の継ぎて」を授けることが宣言される。「太皇后」とは光明《こうみょう》皇后、「太子」は阿倍内親王。これは阿倍内親王への譲位の宣言である。第二に、新天皇阿倍内親王に対して、慈をもって統治せよ、仏教を興隆せよ、天神・地祇の祭祀を絶やすな、民衆をあわれめと、統治上の教訓を示す。第三に、皇位は天の授けない人に授ても保つことはできず、身も滅ぶので、「朕」（譲位する聖武天皇）が立てた人でも、汝がよくないと判断すれば、改めることは自由にせよと皇位継承のあり方を述べた。前述したように、これに基づいて、孝謙天皇は道祖王を廃し、大炊王を皇太子としたのであった。第四に、東国出身の人を護衛につけたことを述べる（いわゆる第二次授刀舎人《たちはきとねり》）。

以上の二人の天皇の詔を受けて、称徳天皇自身の意志が表明される。次のようである。君主の地位が得がたいことは皆知ってはいるものの、陰謀をめぐらし、「諸聖・天神・地祇の御霊」が許さず、人から漏れ、みずからもいってしまい、身を滅し災を蒙って最後に罪に落ちる。そして、天地や君臣をうらむ。直く浄くなれば、天地・君に好まれ、福を蒙り身も安泰であり、生きている間に官位を受けて栄え、死後は善い名を長く伝えることができる。体は灰と共に地に埋まるが、名は烟と共に天に昇るという。最勝王経の王法正論品に、善悪の業をなせば、諸天と共に護持してその報を示そう、国人が悪業をなすのを王者が禁制しないのは正理にかなっていないので、法に従って処分すべきである、とある。現世で栄福を得て浄き名を顕し、後世で人天の勝楽を受けて最後に仏となれと思い、これを教える。

皇位に関する陰謀を戒める論理は前の詔と同じである。ふさわしくない人物は諸聖・天神・地祇の力により露見し、罪に落ちることになり、逆に直く浄い人物であれば、福を受け、安泰であり生前、死後も恵まれるとする。最勝王経や成仏といった仏教的なしかけは前詔にない。

最後に、「汝」、つまり臣下が心を整え直し、「朕」、つまり称徳天皇の教えに違わないあかしとして帯を五位以上と藤原氏（成人以外も含む）に賜与すると述べる。それは紫の綾で作られた長さ八尺の帯で、両端に金泥で「恕」の字が記されていた。恕とはおもいやり、いつくしみ。また、おもいやりをもってゆるすこと。称徳天皇が教えとして「恕」を示し、臣下たちはそれを持って心を整えるというのであろう。

さて、この長文の詔はいかめしいものであるが、内容に具体性はなく、皇位継承について陰謀を試みることを禁じ、両端に「恕」の字を記した帯を与えるとするものである。ただ、元正天皇や聖武天皇の詔を引用しており、その点でも重要な史料となる。

中臣習宜阿曽麻呂

回り道になってしまったかもしれないが、もっとも基本的な史料である二つの詔で判明することはわずかである。登場する人物は法均と和気清麻呂の姉弟のみである。これは事実が伏せられたのではなく、そもそも詔に詳しい経緯を記すことはないのであろう。その他の史料を参照しながら、この事件の内実に迫るほかはないのである。

中臣習宜阿曽麻呂は《解説文》に登場するほかに、宝亀元年（七七〇）八月に多褹島守に任命された。この時、従五位下であった。かつてこれが栄転であるか、左降であるかが議論されたが、これは左降人事である。同日条に道鏡の追放が記されており、おそらく道鏡とともに処分されたのであろう。宇佐八幡神の託宣を持ち出し、道鏡事件のきっかけを作ったのは事実であろう。さて、その背後に誰がいたのか、あるいはそもそも誰かがいたのか。阿曽麻呂が単独でこのような行為に及んだとはやはり考えにくい。大宰主神は祭祀を担当する大宰府の官人であるが、四等官ではなく、大工・少工、博士、陰陽師、医師、算師などとならぶ技術系の官職である。宇佐八幡神の託宣を奏上するにふさわしい人物であるが、相当位は正七位下であり、中央官司の大寮・大国の第三等官と同等である。有力な地位とは決していえない。

その阿曽麻呂が突然、神託と称して皇位継承に関わる事項を申上して、はたしてきちんと取り扱われるものだろうか。これを政治の世界に持ち込み、実際に皇位継承に関わらせようとした人物がやはり必要であったであっただろう。その意味で、阿曽麻呂は単にきっかけを作ったのみの人物であり、その後の経緯において意味を持った人物とは考えにくい。左降の時点で従五位下で、多少は位階の昇進があったのであろうが、さほど目立たない。

阿曽麻呂はもともとある人物の意向に基づいて神託を持ち出したのであろう。そこからは、三つの考えに分かれる。道鏡・称徳天皇・藤原百川である。また、称徳天皇の死後、左降されたことにも注目しておきたい。

法均と和気清麻呂

次に、法均と和気清麻呂の姉弟である。法均が八幡神の託宣をすりかえ、虚偽の奏上をしたとして処罰された。それは清麻呂が宇佐へおもむき、確認した内容であっただろう。二人に対する処分は、清麻呂に「別部穢麻呂」の名を与え、法均を還俗させることであった。留意する必要があるのは、九月二五日の詔で、「因幡員外介輔治能真人清麿」と称することである。先に述べたように、この点に着目し、最初の段階での因幡員外介任命という清麻呂に対する軽い処分を想定するのが近年の研究である。清麻呂が因幡員外介に任命されたのはこの年の八月のことで、京官・国司など合計二二人の人物が対象となった、通常の任官の一端であった。この時、員外国司になったのは清麻呂と信濃員外介となった弓削大成の二人である。この簡単な事実を《解説文》にそって解釈すると、左降人事となる。《解説文》に、道鏡が怒り、清麻呂の本官を解き、因幡員外介とし、任所に到着する前に詔があり除名して大隅に配したとある。

しかし、この記述をそのまま受け入れることができるだろうか。これはまず、『続日本紀』編纂時の解釈であるととらえなければならない。言葉のあやであるかもしれないが、道鏡が清麻呂を因幡員外介としたとする点は任官の形式上は誤りである。任所に向かったとあるのもあやしい。なぜならば、天平神護二年（七六六）一〇月に、員外国司の赴任が禁止されたからである。少し説明が必要だろう。員外国司への任命が左降や追放の手段となることもあったが、もう一つの目的は給与を与えることである。員外国司も正員と同じように、公廨稲《くげとう》を得分とすることができた。これを得るための員外国司の任命がしばしば行われた。得分を得るための任官であれば、逆に彼らの現地に赴任してのさまざまな活動（おそらくそこでまた利益を得ようとする雑多な行為）は地方支配の混乱を引き起こしたであろう。これが赴任を禁止した理由であった。清麻呂は因幡国に赴任してはならなかったのである。

和気清麻呂の場合の因幡員外介任命の意味は何であろうか。《解説文》の史料的価値を重視しなければ、得分取得を目的と考えることは可能であろう。実は道鏡事件の経緯を正確に暦の年月に落とし込んでいくことはできない。清麻呂が因幡員外介に任命された八月に何が起きたかはわからない。しかし、清麻呂がこの頃、宇佐へおもむく段階にあり、いわばその褒賞として因幡員外介任命（得分の賜与）が行われた可能性は充分にあると思われる。同じく、信濃員外介に任命された弓削大成も得分の取得を目的としただろう。《解説文》は八月の因幡員外介任命の事実と九月二五日の詔の処分を整合させるための『続日本紀』編纂時の作文にすぎないと考える。詔から明確に判明することは、当時、清麻呂は因幡員外介であり、姉とともに、称徳天皇の強烈な怒りにより名をおとしめられたことである。なお、《解説文》に本官の解任の記述がある。清麻呂の本官は近衛将監《このえのしょうげん》であったと考えられるが、解任の有無は不明である。除名と配流は事実であったと思われる。宝亀元年（七七〇）九月に、二人は備後・大隅国から召され、平城京に戻った。

称徳天皇の意志

この事件を考察する鍵は事件後の処分にある。道鏡は何の処分も受けなかったが、清麻呂・法均は厳しく処罰された。その内容は、天地においてこれ以上の逆はないとの語にふさわしいものであった。これはやはり道鏡主体説にとっては大きな障害である。不当に皇位をうかがった道鏡が処分されないのは不自然である。しかし、逆に称徳主体説による時、なぜ道鏡がその後に即位しなかったのかとの疑問も生じる余地が残るかもしれない。道鏡の法王就任にあたり仏舎利の出現という大がかりな演出をからめ、即位にも宇佐八幡の託宣から始まり、それを改めて確認する手続きをふんだ。周到に準備された道鏡の即位は結局は最後の局面で挫折した。称徳天皇を主体とする見解において論じられる清麻呂の裏切りである。このダメージは大きく、道鏡即位の計画はこの時に政治的に完全に破綻したはずである。それでもなお、そのままの形で道鏡の即位を実現する可能性は存在したであろうか。しかし、このような状況のなかで、道鏡を処分する正当な理由はない。道鏡を法王のまま、たなざらしにするほかなかったのであろう。

いっぽう、清麻呂・法均の処分は称徳天皇主体説によって自然に理解できる。両者は称徳の近臣（地位はさほど高くはないが）ともいえる存在で、そもそも神託の確認に派遣されたのもそれが理由であった。清麻呂は称徳のもっとも信頼できる人物の一人であった。しかし、清麻呂はその意図に反した行動を取った。もっともありえない人物の裏切りであった。先に述べたように、清麻呂の行為を重視しない近年の見解にも同意できない。これは天皇の意志に反する重大な事件であった。推測であるが、称徳天皇は員外国司の得分を与えてまで、清麻呂を送り出したのである。

この事件は称徳天皇主体説によって理解すべきものと考える。さらにこの立場を取るもっとも重要な理由は、天皇自身が後継者を立て即位させる第一義的な責任を負ったことにある。皇位継承にあたって天皇が主導する責任を負ったのは当然である。称徳天皇の場合、明確な後継候補がなく常に後継者の問題がつきまとったが、決してその責任を放棄したとは思わない。

称徳天皇の意志は仏教の権威と接合させた天皇制への移行であり、それは父聖武から引き継いだ方針で、おそらく天平宝字六年（七六二）六月の政治への復帰の時に、すでに彼女のなかにそれが芽生えていたであろう。俗説であろうが、道鏡への寵愛のあまり、突如としてその即位に向かって突進していったのではない。称徳天皇の強い天武―持統天皇直系意識にとらわれていたとする見解にも同意できない。それを捨てることなしに皇位継承は不可能であり、その点の認識はあったと思われる。称徳天皇はみずからの責任を充分に意識しつつ、仏教を利用した皇位継承の方針にそって、道鏡の即位をめざしたと思われる。

道鏡事件の後、法王道鏡はもはや皇太子としての意味は消滅した。ただし、由義宮行幸が行われ由義宮を西京とし、河内国を河内職とするなど、道鏡との関わりが想定できる政策が進められた。宝亀元年（七七〇）八月、称徳が死去すると、道鏡は造下野国薬師寺別当に任じられ都を追放された。二年後の宝亀三年に下野において死去した。

藤原仲麻呂・道鏡とは――エピローグ

伝染病と政治秩序の崩壊

プロローグで掲げた最初の問いに答えを出しておかなければならない。

まず、律令体制の導入にともなって確立した政治のあり方は天平九年（七三七）の伝染病の大流行によって崩壊したと考えられる。それは律令体制の崩壊という意味ではなく、国家中枢における政治的な編成のことである。天武《てんむ》・持統《じとう》直系の子孫を出自とする天皇のもとで、七世紀後半の政治的貢献を背景に、藤原《ふじわら》・大《おお》伴《とも》・阿倍《あべ》・多治比《たじひ》の四氏が均衡を保ちながら政治を担当する。それがこの時期の政治秩序であった。そのような秩序は伝染病の大流行によって急激に崩壊していったと思われる。それは当時の政治の脆弱性を必ずしも示すわけではない。やはり、伝染病の衝撃に耐えうる国家体制は当時としては存在しがたかっただろう。

新たな政治のあり方が追求されるなかで、藤原仲麻呂《なかまろ》や道鏡《どうきょう》が登場したと位置づけることができるだろう。まだ、どのようなあり方がふさわしいのか、明確ではなかったと思われる。たとえば、淳仁《じゅんにん》天皇の即位当初の、煩雑なまでの儀礼や恩典の付与などは、そのような状況を象徴するようである。ただし、いくつかのキーは存在した。まず、仏教による鎮護国家である。倭国《わこく》時代の仏教の導入以降、仏教は国家と密接につながり、国家を守護したが、伝染病の流行を機により重要性を増した。仏教はやはり、伝染病以後の社会の安定を実現するための、有力な手段と考えられたからである。特に呪術の点において仏教の力は大きかった。この時期の密教という研究視覚は重要であろう。また、このような社会の混乱が天皇の徳と関係する以上、儒学の重視も同じことであろう。学術の要素が政治の世界や社会全般によりいっそう、浸透していったのではないかと考える。

さらに、天武・持統直系の天皇家は藤原氏出身の后妃を持ち（藤原宮子《みやこ》と光明子《こうみょうし》）、藤原氏は天皇家の外戚となった。それは政治秩序上の大きな要素であるが、藤原氏の地位を天皇家との姻戚関係によってのみ評価することは不充分である。藤原氏の地位は鎌足《かまたり》以来の絶大な功績とともに語られた。基本的に、過去の政治的功績のうえに天皇家との姻戚関係が生じるのであって、国王が寵妃の一族をやみくもに引き上げるというイメージとは異なる。藤原氏以外の三氏の没落は顕著であり、彼らの功績は政治秩序を構築する要素とはならなかった。過去における政治上の功績は藤原氏だけに有効であった。

天皇家の人的弱体化

藤原仲麻呂や道鏡の存在を生み出した要因（契機）は、光明《こうみょう》皇太后と称《しょう》徳《とく》天皇の動向である。藤原仲麻呂の権力の源泉は突きつめれば、光明皇太后にあった。彼女は長らく天皇家の長の地位にあったと考えるべきである。その光明皇太后のもとで藤原仲麻呂は権力を掌握したのである。その後、淳仁天皇を擁立し、権力を維持しようとしたが、光明皇太后を失った後の藤原仲麻呂にその実現は不可能であった。道鏡は称徳天皇の仏教の師であり、後継者のいない称徳は道鏡を皇位につけようと試みた。これも、失敗に終わった。

光明皇太后は聖武《しょうむ》天皇の譲位後、若き孝謙《こうけん》天皇の治世において、夫の代理として上記のような地位についた。また、その孝謙天皇は当初、まだ誕生していない聖武・光明の男子への中継ぎであったが、結局、正当な後継者を得ることができなかった。天皇家の人的弱体化が顕著である。このような天皇家の状況がもう一つの重要な要素である。

政治的な秩序の崩壊とその再構築の必要、天皇家の人的弱体化。この二つのことがらの交点に藤原仲麻呂と道鏡は登場した。どちらも安定したあり方を構築することはできず、一方は反乱を企てて近江で斬殺され、一方は追放され、下野国で死去した。藤原仲麻呂の場合、現象としては摂関政治のあり方に共通するが、直線的にそこに至るわけではない。仲麻呂や道鏡の時代の後、光仁・桓武・嵯峨天皇などが登場するが、それらも含めて、天皇の地位や貴族との関わり、権力のあり方は多様である。光仁期における近臣たち、桓武と儒学者たち、譲位後も天皇に対し大きな影響力を持った嵯峨などである。その意味では、この時期以後は権力編成の可塑性の高い時代といえるのはなかろうか。やがて、それは摂関政治に収束していったのであるが、過渡期と呼ぶにはあまりにも長く、一つの時期区分として考察すべきだろうと考えている。

あとがき

本書の下敷きとなったのは参考文献にあげた論文集『天皇と貴族の古代政治史』である。この書に収録した論文は、それなりに最後にまとめる意識をもって研究を進めてきたつもりであったが、それぞれに執筆の際の問題関心があったので、一つの領域を切れ目なくカバーできたわけではなかった。今回、改めて、天平九年の伝染病の大流行から道鏡事件まで、一つ一つのできごとを再検討する機会を得たことは貴重で、なおかつ、楽しいことであった。この作業を経て、自分の考えが整っていったこともあった。あとから振り返れば、いろいろとわかってくるのが常である。その意味で、本書はここ一〇年くらいの研究のまとめと言える。もちろん、それは論文集を作った時にやっておかなければならなかった仕事なのだが。

本書の原稿執筆に取り組んだのは去年の秋から冬のことであった。その時、次の春の、恐るべきウイルスの発生と拡散を想像することは、まったくなかった。これは私だけのことではなかろう。天平九年の伝染病もこのように、突然に当時の社会に襲いかかり、社会全般を大きく変えていったのであった。多くの人々の気づかないところで、人々の対応とは桁違いのスピードで事態が進行していったであろうことは、まさしく実感できる。既存の体制はすぐにゆらいだ。これも今、実感するところであるが、突発的な悲劇がどこに、どのように被害をもたらすかは社会のあり方、特にそのひずみやゆがみと密接な関係にある。その意味では、悲劇はすでに社会のなかに存在したのである。ただ、その後の状況が破滅的で、長くそこから抜けだせなかったかと言えば、印象はやや異なる。沈滞のイメージは強くはない。印象で語るのはよくないが、いっぽうで、たとえば、墾田永年私財法に象徴されるような旺盛な開発意欲が当時の社会にあったのかもしれず、それが別のイメージをもたらしているのだろうか。この点は私には今後の重要な研究課題である。

本書のテーマについて、とりあえず、一つのくぎりに達したという感覚はあるが、まだ、積み残した課題の多いのも事実である。歴史学とはやはり、過去の姿を、わかりやすくなくとも、豊かに描くものだと考える。シンプルな図式より、ふくらみのある歴史像を作り上げたいと思う。本書がその点で合格かどうかは、私の判断することではない。今後もさまざまに視点を動かしながら、模索を続けていきたい。

最後に、研究を進めるなかでお世話になった多くの方々、および、本書の提案をしていただいた吉川弘文館の石津輝真さん、刊行までのさまざまな作業に尽力いただいた伊藤俊之さんに感謝を申し上げます。

二〇二〇年五月

鷺森浩幸

参考文献

＊藤原仲麻呂や道鏡について膨大な研究があるので、代表的な概説書と各論点に特に密接に関わるものに限定した。さらに必要な場合は、各書の参考文献などを参照してほしい。

概説書

勝浦令子『孝謙・称徳天皇』（『ミネルヴァ日本評伝選』）、ミネルヴァ書房、二〇一四年

岸　俊男『藤原仲麻呂』（『人物叢書』）、吉川弘文館、一九六九年

木本好信『藤原仲麻呂』（『ミネルヴァ日本評伝選』）、ミネルヴァ書房、二〇一一年

栄原永遠男『正倉院文書入門』（『角川叢書』五五）、角川学芸出版、二〇一一年

十川陽一『天皇側近たちの奈良時代』（『歴史文化ライブラリー』四四七）、吉川弘文館、二〇一七年

瀧川政次郎「弓削道鏡」同『人物新日本史』上代編、明治書院、一九五三年

瀧浪貞子『奈良朝の政変と道鏡』（『敗者の日本史』二）、吉川弘文館、二〇一三年

中村順昭『橘諸兄』（『人物叢書』）、吉川弘文館、二〇一九年

平野邦雄『和気清麻呂』（『人物叢書』）、吉川弘文館、一九六四年

横田健一『道鏡』（『人物叢書』）、吉川弘文館、一九五九年

専門書・論文

井上光貞「王仁の後裔氏族と其の仏教」同『日本古代思想史の研究』（『井上光貞著作集』二）、岩波書店、一九八六年（初出一九四三年）
勝浦令子「称徳天皇の『仏教と王権』」同『日本古代の僧尼と社会』吉川弘文館、二〇〇〇年（初出一九九七年）
河内祥輔『古代政治史における天皇制の論理』増訂版、吉川弘文館、二〇一四年（初版は一九八六年刊）
北　康宏「律令法典・山陵と王権の正当化」同『日本古代君主制成立史の研究』塙書房、二〇一七年（初出二〇〇〇年）
北山茂夫「道鏡をめぐる諸問題」同『日本古代政治史の研究』岩波書店、一九五九年（初出一九五三年）
木本好信『奈良時代の政争と皇位継承』吉川弘文館、二〇一二年
近藤好和『日本古代の武具』思文閣出版、二〇一四年
栄原永遠男『奈良時代写経史研究』塙書房、二〇〇三年
笹山晴生「中衛府の研究」同『日本古代衛府制度の研究』東京大学出版会、一九八五年（初出一九五七年）
鷺森浩幸『天皇と貴族の古代政治史』塙書房、二〇一八年
佐久間竜『日本古代僧伝の研究』吉川弘文館、一九八三年

薗田香融「恵美家子女伝考」同『日本古代の貴族と地方豪族』塙書房、一九九二年（初出一九六六年）
中西康裕「道鏡事件」同『続日本紀と奈良朝の政変』吉川弘文館、二〇〇二年（初出一九九三年）
長谷部将司「神託事件の虚像と実像」「神託事件『物語』の構築過程」同『日本古代の地方出身氏族』岩田書院、二〇〇四年（初出二〇〇二年）
早川庄八「新令私記・新令説・新令問答・新令釈」同『日本古代の文書と典籍』吉川弘文館、一九九七年（初出一九八一年）
早川庄八「上卿制の成立と議政官組織」同『日本古代官僚制の研究』岩波書店、一九八六年
福山敏男「奈良時代に於ける石山寺の造営」同『日本建築史の研究』桑名文星堂、一九四三年（初出一九三三〜三五年）
堀池春峰「道鏡私考」同『南都仏教史の研究』下・諸寺篇、法蔵館、一九八二年（初出一九五七年）
山本幸男『奈良朝仏教史攷』法蔵館、二〇一五年
吉川敏子『律令貴族成立史の研究』塙書房、二〇〇六年
若井敏明「宇佐八幡宮神託事件と称徳天皇」速水侑編『奈良・平安仏教の展開』吉川弘文館、二〇〇六年

著者略歴

一九六〇年、京都府に生まれる
一九八三年、大阪市立大学文学部卒業
一九九一年、大阪市立大学大学院文学研究科後期博士課程（国史学専攻）退学
現在、帝塚山大学文学部教授

〔主要著書・論文〕

『日本古代の王家・寺院と所領』（塙書房、二〇〇一年）
『天皇と貴族の古代政治史』（塙書房、二〇一八年）
「早良親王・桓武天皇と僧・文人」（栄原永遠男・佐藤信・吉川真司編『東大寺の新研究2・歴史のなかの東大寺』、法蔵館、二〇一七年）
「天日槍説話の歴史的背景」（『日本歴史』八六三、二〇二〇年）

歴史文化ライブラリー
504

藤原仲麻呂と道鏡
ゆらぐ奈良朝の政治体制

二〇二〇年（令和二）八月一日　第一刷発行

著　者　鷺《さぎ》森《もり》浩《ひろ》幸《ゆき》
発行者　吉川道郎
発行所　株式会社　吉川弘文館
東京都文京区本郷七丁目二番八号
郵便番号一一三—〇〇三三
電話〇三—三八一三—九一五一〈代表〉
振替口座〇〇一〇〇—五—二四四
http://www.yoshikawa-k.co.jp/
印刷＝株式会社　平文社
製本＝ナショナル製本協同組合
装幀＝清水良洋・高橋奈々

ISBN978-4-642-05904-6

歴史文化ライブラリー

1996. 10

刊行のことば

現今の日本および国際社会は、さまざまな面で大変動の時代を迎えておりますが、近づきつつある二十一世紀は人類史の到達点として、物質的な繁栄のみならず文化や自然・社会環境を謳歌できる平和な社会でなければなりません。しかしながら高度成長・技術革新にともなう急激な変貌は「自己本位な刹那主義」の風潮を生みだし、先人が築いてきた歴史や文化に学ぶ余裕もなく、いまだ明るい人類の将来が展望できていないようにも見えます。このような状況を踏まえ、よりよい二十一世紀社会を築くために、人類誕生から現在に至る「人類の遺産・教訓」としてのあらゆる分野の歴史と文化を「歴史文化ライブラリー」として刊行することといたしました。

小社は、安政四年（一八五七）の創業以来、一貫して歴史学を中心とした専門出版社として書籍を刊行しつづけてまいりました。その経験を生かし、学問成果にもとづいた本叢書を刊行し社会的要請に応えて行きたいと考えております。

現代は、マスメディアが発達した高度情報化社会といわれますが、私どもはあくまでも活字を主体とした出版こそ、ものの本質を考える基礎と信じ、本叢書をとおして社会に訴えてまいりたいと思います。これから生まれでる一冊一冊が、それぞれの読者を知的冒険の旅へと誘い、希望に満ちた人類の未来を構築する糧となれば幸いです。

吉川弘文館

歴史文化ライブラリー

歴史文化ライブラリー

江戸大名の本家と分家――野口朋隆
〈甲賀忍者〉の実像――藤田和敏
江戸の武家名鑑 武鑑と出版競争――藤實久美子
江戸の出版統制 弾圧に翻弄された戯作者たち――佐藤至子
武士という身分 城下町萩の大名家臣団――森下 徹
旗本・御家人の就職事情――山本英貴
武士の奉公 本音と建前 江戸時代の出世と処世術――高野信治
宮中のシェフ、鶴をさばく 江戸時代の朝廷と庖丁道――西村慎太郎
馬と人の江戸時代――兼平賢治
犬と鷹の江戸時代 〈犬公方〉綱吉と〈鷹将軍〉吉宗――根崎光男
紀州藩主 徳川吉宗 明君伝説・宝永地震・隠密御用――藤本清二郎
近世の巨大地震――矢田俊文
江戸時代の孝行者「孝義録」の世界――菅野則子
死者のはたらきと江戸時代 遺訓・家訓・辞世――深谷克己
近世の百姓世界――白川部達夫
闘いを記憶する百姓たち 江戸時代の裁判学習帳――八鍬友広
江戸の寺社めぐり 鎌倉・江ノ島・お伊勢さん――原 淳一郎
江戸のパスポート 旅の不安はどう解消されたか――柴田 純
〈身売り〉の日本史 人身売買から年季奉公へ――下重 清
江戸の捨て子たち その肖像――沢山美果子
江戸の乳と子ども いのちをつなぐ――沢山美果子
エトロフ島 つくられた国境――菊池勇夫
江戸時代の医師修業 学問・学統・遊学――海原 亮
江戸の流行り病 麻疹騒動はなぜ起こったのか――鈴木則子
江戸幕府の日本地図 国絵図・城絵図・日本図――川村博忠
江戸の地図屋さん 販売競争の舞台裏――俵 元昭
踏絵を踏んだキリシタン――安高啓明
墓石が語る江戸時代 大名・庶民の墓事情――関根達人
石に刻まれた江戸時代 無縁・遊女・北前船――関根達人
近世の仏教 華ひらく思想と文化――末木文美士
松陰の本棚 幕末志士たちの読書ネットワーク――桐原健真
龍馬暗殺――桐野作人
日本の開国と多摩 生糸・農兵・武州一揆――藤田 覚
幕末の世直し 万人の戦争状態――須田 努
幕末の海軍 明治維新への航跡――神谷大介
海辺を行き交うお触れ書き 浦触の語る徳川情報網――水本邦彦
江戸の海外情報ネットワーク――岩下哲典

歴史文化ライブラリー

近・現代史

江戸無血開城 本当の功労者は誰か？ —— 岩下哲典
五稜郭の戦い 蝦夷地の終焉 —— 菊池勇夫
水戸学と明治維新 —— 吉田俊純
大久保利通と明治維新 —— 佐々木 克
刀の明治維新 「帯刀」は武士の特権か？ —— 尾脇秀和
維新政府の密偵たち 御庭番と警察のあいだ —— 大日方純夫
京都に残った公家たち 華族の近代 —— 刑部芳則
文明開化 失われた風俗 —— 百瀬 響
西南戦争 戦争の大義と動員される民衆 —— 猪飼隆明
大久保利通と東アジア 国家構想と外交戦略 —— 勝田政治
明治の政治家と信仰 クリスチャン民権家の肖像 —— 小川原正道
文明開化と差別 —— 今西 一
大元帥と皇族軍人 明治編 —— 小田部雄次
皇居の近現代史 開かれた皇室像の誕生 —— 河西秀哉
明治神宮の出現 —— 山口輝臣
神都物語 伊勢神宮の近現代史 —— ジョン・ブリーン
陸軍参謀 川上操六 日清戦争の作戦指導者 —— 大澤博明
日清・日露戦争と写真報道 戦場を駆ける写真師たち —— 井上祐子
公園の誕生 —— 小野良平
啄木短歌に時代を読む —— 近藤典彦
鉄道忌避伝説の謎 汽車が来た町、来なかった町 —— 青木栄一
軍隊を誘致せよ 陸海軍と都市形成 —— 松下孝昭
お米と食の近代史 —— 大豆生田 稔
日本酒の近現代史 酒造地の誕生 —— 鈴木芳行
失業と救済の近代史 —— 加瀬和俊
近代日本の就職難物語 「高等遊民」になるけれど —— 町田祐一
選挙違反の歴史 ウラからみた日本の一〇〇年 —— 季武嘉也
海外観光旅行の誕生 —— 有山輝雄
関東大震災と戒厳令 —— 松尾章一
昭和天皇とスポーツ 〈玉体〉の近代史 —— 坂上康博
大元帥と皇族軍人 大正・昭和編 —— 小田部雄次
海軍将校たちの太平洋戦争 —— 手嶋泰伸
松岡洋右と日米開戦 大衆政治家の功と罪 —— 服部 聡
稲の大東亜共栄圏 帝国日本の〈緑の革命〉 —— 藤原辰史
地図から消えた島々 幻の日本領と南洋探検家たち —— 長谷川亮一
自由主義は戦争を止められるのか 芦田均・清沢洌・石橋湛山 —— 上田美和
モダン・ライフと戦争 スクリーンのなかの女性たち —— 宜野座菜央見

歴史文化ライブラリー

彫刻と戦争の近代 ― 平瀬礼太
軍用機の誕生 日本軍の航空戦略と技術開発 ― 水沢　光
首都防空網と〈空都〉多摩 ― 鈴木芳行
帝都防衛 戦争・災害・テロ ― 土田宏成
陸軍登戸研究所と謀略戦 科学者たちの戦争 ― 渡辺賢二
帝国日本の技術者たち ― 沢井　実
〈いのち〉をめぐる近代史 堕胎から人工妊娠中絶へ ― 岩田重則
強制された健康 日本ファシズム下の生命と身体 ― 藤野　豊
戦争とハンセン病 ― 藤野　豊
「自由の国」の報道統制 大戦下の日系ジャーナリズム ― 水野剛也
海外戦没者の戦後史 遺骨帰還と慰霊 ― 浜井和史
学徒出陣 戦争と青春 ― 蜷川壽惠
特攻隊の〈故郷〉 霞ヶ浦・筑波山・北浦・鹿島灘 ― 伊藤純郎
沖縄戦 強制された「集団自決」 ― 林　博史
陸軍中野学校と沖縄戦 知られざる少年兵「護郷隊」 ― 川満　彰
沖縄からの本土爆撃 米軍出撃基地の誕生 ― 林　博史
原爆ドーム 物産陳列館から広島平和記念碑へ ― 頴原澄子
米軍基地の歴史 世界ネットワークの形成と展開 ― 林　博史
沖縄米軍基地全史 ― 野添文彬
沖縄 占領下を生き抜く 軍用地・通貨・毒ガス ― 川平成雄
考証 東京裁判 戦争と戦後を読み解く ― 宇田川幸大
昭和天皇退位論のゆくえ ― 冨永　望
ふたつの憲法と日本人 戦前・戦後の憲法観 ― 川口暁弘
首都改造 東京の再開発と都市政治 ― 源川真希
鯨を生きる 鯨人の個人史・鯨食の同時代史 ― 赤嶺　淳
文化財報道と新聞記者 ― 中村俊介

文化史・誌

落書きに歴史をよむ ― 三上喜孝
霊場の思想 ― 佐藤弘夫
跋扈《ばっこ》する怨霊 祟りと鎮魂の日本史 ― 山田雄司
将門伝説の歴史 ― 樋口州男
藤原鎌足、時空をかける 変身と再生の日本史 ― 黒田　智
変貌する清盛 『平家物語』を書きかえる ― 樋口大祐
空海の文字とことば ― 岸田知子
日本禅宗の伝説と歴史 ― 中尾良信
殺生と往生のあいだ 中世仏教と民衆生活 ― 苅米一志
浦島太郎の日本史 ― 三舟隆之
〈ものまね〉の歴史 仏教・笑い・芸能 ― 石井公成